Das professionelle 1x1

D1868945

Hartmut Laufer

# 99 Tipps für den erfolgreichen Führungsalltag

Führungsbewusstsein
Führungsverhalten
Führungsmaßnahmen

Cornelsen

Verlagsredaktion: Ralf Boden
Umschlaggestaltung: Magdalene Krumbeck, Wuppertal
Layout und technische Umsetzung: Text & Form, Karon/Düsseldorf

Cornelsen online http://www.cornelsen-berufskompetenz.de

1. Auflage Druck 4 3 2 1 Jahr 08 07 06 05



Druck: Druckhaus Berlin-Mitte

ISBN 3-589-23540-3

Bestellnummer 235403

Gedruckt auf säurefreiem Papier,
umweltschonend hergestellt aus chlorfrei gebleichten Faserstoffen.

# Vorwort

Mitarbeiterführung ist heute weit schwieriger als noch vor wenigen Jahrzehnten. Wer als Vorgesetzter behauptet, er kenne keine Führungsprobleme, lügt sich entweder selbst in die Tasche oder es mangelt ihm an der notwendigen Problemsensibilität.

Die zunehmend komplexer gewordenen Arbeitsprozesse und Unternehmensstrukturen sowie das gewachsene Selbstbewusstsein der Mitarbeiter stellen erhöhte Anforderungen an die Sozialkompetenzen einer Führungskraft. Fachkenntnisse oder die reine Amtsautorität reichen nicht mehr aus, um von den Mitarbeitern akzeptiert zu werden und sie zu optimalen Leistungen führen zu können. Auch werden traditionelle Führungsgrundsätze und Führungsmethoden den heutigen Bedingungen nicht immer gerecht. Vielmehr gilt es, das eigene Führungsverhalten auf die unterschiedlichen und sich rasch wandelnden Gegebenheiten einzustellen. Statt einen detailliert vorgegebenen Führungsstil zu praktizieren, ist heute ein situationsgerechtes Führen angesagt. Das aber ist leichter gesagt als getan: Es setzt nicht nur die problemrelevanten Sachkenntnisse voraus. Vielmehr erfordert es auch ein hohes Einfühlungsvermögen für die Befindlichkeiten der Mitarbeiter sowie die Bereitschaft und die Fähigkeiten, so darauf einzugehen, dass daraus eine konstruktive Arbeitshaltung resultiert.

Somit ist es verständlich, wenn sich selbst erfahrene Vorgesetzte manchmal in Führungssituationen befinden, die sie verunsichern und bei denen ihnen ein neutraler Rat aus distanzierter Sicht willkommen wäre. In verstärktem Maß gilt das natürlich für angehende oder neue, noch praxisunerfahrene Führungskräfte.

Gerade für die heute sehr komplexen Gegebenheiten lässt sich erfolgreiches Führungsverhalten nicht mit eindimensionalen theoretischen Regeln vermitteln. Dennoch habe ich mit diesem Buch den Versuch unternommen – im Sinn eines echten Ratgebers – für die typischen Situationen des Führungsalltags hilfreiche Anregungen zu geben. Unter den entsprechenden Stichworten finden Sie Hinweise und Antworten zu konkreten Führungsfragen. Sie basieren vorrangig auf meinen eigenen Führungserfahrungen oder sind das Ergebnis zahlreicher Diskussionen mit Führungskräften im Rahmen meiner Seminare.

Dieser Ratgeber beschränkt sich nicht auf schlichte Rezepte. Durch Erläuterungen der jeweiligen psychologischen Zusammenhänge vermittelt er auch das für ein selbstsicheres Führungsverhalten notwendige Grundverständnis. Auf diese Weise werden die gegebenen Empfehlungen auf ähnliche Praxisfälle übertragbar gemacht.

Sie können die jeweils interessierenden Stichworte entweder punktuell zu Rate ziehen oder aber das Buch – wie ein Lehrbuch – durchgängig lesen.

Berlin, im Frühjahr 2005 *Hartmut Laufer*

## Zum Autor

Hartmut Laufer leitet das Mensor Institut – ein Berliner Institut für Managemententwicklung (www.mensor.de). Daneben ist er als Führungskräftetrainer in Unternehmen und Verwaltungen sowie als Dozent an Fachhochschulen tätig.

Über drei Jahrzehnte hinweg war er selbst in verschiedenartigen Führungspositionen tätig: als Bauleiter eines Großbauvorhabens ebenso wie als Abteilungsleiter einer Bank. Nach fachlicher und pädagogischer Weiterbildung widmete er sich schon früh der Führungskräfteentwicklung. Zunächst nebenberuflich, später als hauptberuflicher Trainer, Bildungsmanager und Fachautor.

Insbesondere die Jahre seiner nebenberuflichen Tätigkeiten boten ihm reichlich Gelegenheit, die Managementtheorien mit der Führungspraxis zu vergleichen, um daraus einerseits praxisgerechte Erkenntnisse zu gewinnen und andererseits eigene theoretische Ansätze zu entwickeln.

## Inhaltsverzeichnis

# I FÜHRUNGSKOMPETENZ ENTWICKELN

## Grundlagen

*Früher galt Führung weitgehend als Machtausübung*

Noch bis in die Mitte des vergangenen Jahrhunderts wurde Personalführung in Deutschland weitgehend mit Machtausübung gleichgesetzt. Wer in einer Organisation in eine Führungsposition gestellt wurde, hatte die Aufgabe, Anordnungen zu erteilen und bei deren Nichtbeachtung die Betreffenden zu bestrafen. Vorgesetzte bezogen ihre Autorität weitgehend aus den Machtmitteln, die ihnen mit ihrem Amt übertragen wurden und stützten sich auf ihre Amtsautorität. Das galt nicht nur für staatliche Organisationen wie Militär oder Polizei, sondern sowohl für Industrieunternehmen als auch für kleine Handwerksbetriebe.

Wie die Rollenverteilung gesehen wurde, spiegelt sich auch im Sprachgebrauch wider: Während heute von „Mitarbeitern“ die Rede ist, sprach man früher von „Untergeordneten“ oder „Nachgeordneten“ – bestenfalls von „Arbeitskräften“.

Vorgesetzte hatten innerhalb ihres Führungsbereichs das alleinige Sagen. Nach dem Motto: *„Wem Gott ein Amt gibt, dem gibt er auch den Verstand“*, wurde Widerspruch nicht geduldet. Dabei bezogen sich die Anweisungsbefugnisse des Vorgesetzten nicht alleine auf die Arbeitsziele und Verfahrensfragen. Auch hinsichtlich der grundlegenden Wertmaßstäbe und allgemeinen Verhaltensweisen setzte er die Normen, an denen sich die Arbeitskräfte zu orientieren hatten.

*Einflussnahme bis ins Privatleben*

Die Vorgaben reichten sogar bis in das Privatleben: Beispielsweise wurden Staatsdiener noch bis weit in das vorige Jahrhundert hinein auch für ein nicht Achtung gebietendes Verhalten ihrer Familienmitglieder verantwortlich gemacht. Stellte der Dienstvorgesetzte ein „sittenwidriges“ Verhalten der Ehefrau eines Beamten fest, wurde dieser selbst disziplinarrechtlich belangt!

Erst nach dem Zusammenbruch des Dritten Reichs wurde dieses traditionelle Führungsmodell abgelöst.

*Heutzutage deutlich geringere Machtmittel der Führungskräfte*

Auf Grund veränderter gesellschaftlicher und wirtschaftlicher Rahmenbedingungen wird die Rolle der Führungskraft im Arbeitsprozess heute völlig anders definiert und haben sich die Machtverhältnisse stark gewandelt: Während die Arbeitnehmerrechte erheblich gestärkt wurden, stehen den Führungskräften heute deutlich geringere Machtmittel zur Verfügung. Führungskräfte und Mitarbeiter stehen sich wesentlich gleichberechtigter gegenüber und gehen partnerschaftlich miteinander um. Keiner kommt mehr ohne den guten Willen des anderen aus.

*Einflussnahme lediglich im Rahmen der Grundsätze des Arbeitsvertrages*

Die Einflussnahme der Führungskräfte auf ihre Mitarbeiter hat sich ausschließlich an den Grundsätzen des Arbeitsvertrags zu orientieren: Der Arbeitnehmer hat sich verpflichtet, seine Arbeitskraft zur Verfügung zu stellen und das Unternehmen hat sich verpflichtet, ihn dafür zu entlohnen.

*MITARBEITER ZU FÜHREN BEDEUTET NICHT, SIE IN IHREM WESEN ZU VERÄNDERN, SONDERN SIE ZU EINEM AM UNTERNEHMENSINTERESSE ORIENTIERTEN VERHALTEN AM ARBEITSPLATZ ZU BEFÄHIGEN UND ZU VERANLASSEN.*

Es ist unerheblich, wenn ein Mitarbeiter andere Weltanschauungen oder Wertvorstellungen als sein Vorgesetzter vertritt und wie er sein Privatleben gestaltet. Entscheidend ist, dass er uneingeschränkt am Erreichen der Arbeitsziele mitwirkt und das Ansehen der Firma nicht beschädigt. Darüber hinausgehende Einwirkungen sind nur dann angezeigt, wenn es die Fürsorgepflicht des Vorgesetzten gebietet, dass er dem Mitarbeiter bei gravierenden persönlichen Problemen oder Sorgen seine Unterstützung anbietet.

*Hohe Anforderungen an die Sozialkompetenz der Führungskräfte*

Die gewandelte Vorgesetztensituation bedeutet aber auch, dass sich Mitarbeiterführung heute nicht mehr auf formelle Maßnahmen beschränken kann und die Anforderungen hinsichtlich der Sozialkompetenz der Führungskräfte erheblich zugenommen haben.

*EINE ERFOLGREICHE MITARBEITERFÜHRUNG IST HEUTE WICHTIGER, ABER AUCH SCHWIERIGER DENN JE!*

## Tipp 1 Werden Sie sich Ihrer Funktion im Unternehmen bewusst

Seit dem Beginn des Industriezeitalters wurden die Arbeitsprozesse zunehmend in spezielle Arbeitsschritte zerlegt, was einen steigenden Koordinierungsbedarf nach sich zog.

*Die Führungskraft koordiniert viele Teilleistungen zu einer Gesamtleistung*

Zur Hauptaufgabe von Führungskräften wurde es, dafür zu sorgen,
- dass die vielen Teilleistungen in eine erfolgswirksame Gesamtleistung münden und
- alle Mitarbeiter im Sinn des Gesamtziels reibungslos zusammenarbeiten.

Der Unternehmenserfolg hängt daher maßgeblich davon ab, inwieweit sich die Führungskräfte nicht nur den Sachfragen widmen, sondern sich auch um die Belange ihrer Mitarbeiter kümmern. Deren Zufriedenheit wirkt sich nicht nur auf die Arbeitsleistungen aus, sondern schlägt sich (insbesondere im unmittelbaren Kundenkontakt) auch in der Kundenzufriedenheit und somit in den Geschäftsergebnissen nieder.

*Sich nicht nur um Sachfragen kümmern, sondern auch um die Belange der Mitarbeiter*

> *„Mitarbeiterführung“ bedeutet, den Mitarbeitern die Orientierung auf die Arbeitsziele zu vermitteln sowie sie auf dem Weg dorthin zu ermutigen und zu unterstützen.*

Um seinen Führungsauftrag erfüllen zu können, ist es zunächst einmal wichtig, sich als Führungskraft die eigene Position und Funktion im Unternehmen klar zu machen. Dazu ist es erforderlich,
- die Unternehmensziele und -grundsätze,
- die Aufbau- und Ablauforganisation sowie
- den eigenen Zuständigkeitsrahmen

zu kennen.

Gehen diese Informationen nicht aus dem Organisationsschema des Unternehmens und der eigenen Stellenbeschreibung eindeutig hervor, sollte man beizeiten in einem Gespräch mit dem eigenen Vorgesetzten die notwendige Klarheit schaffen. Andernfalls wird man sich häufig unsicher sein, ob man auf der einen Seite wichtige Aufgaben vernachlässigt oder auf der anderen Seite seine Kompetenzen sogar überschritten hat.

Je nachdem, in welchem Unternehmensbereich man als Führungskraft eingesetzt ist, können die Führungsaufgaben und somit die persönlichen Anforderungen recht unterschiedlich geartet sein. Aus der nachstehenden Abbildung eines Managementprozesses lassen sich die verschiedenartigen Aufgaben ableiten.

*Abb. I/1: Aufgaben der Führungskraft im Managementprozess*

# Tipp 2 Entwickeln Sie ein zeitgemäßes Führungsverständnis

Die heutigen Rahmenbedingungen von Mitarbeiterführung erfordern ein im Vergleich zu früher geändertes Führungsverständnis. Die vier vorrangigen Gründe hierfür dürften folgende sein:

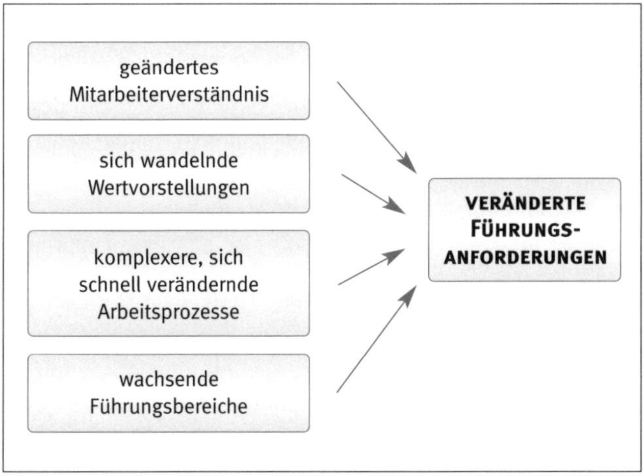


*Abb. I/2: Gründe für geänderte Führungsanforderungen*

## Geändertes Selbstverständnis der Mitarbeiter

Erst unsere demokratische Staatsform nach dem Zweiten Weltkrieg, das stürmische Wirtschaftswachstum der 50er- und 60er-Jahre sowie die gestärkte Stellung der Arbeitnehmer durch gesetzliche Regelungen führten hierzulande zu geänderten Grundeinstellungen in der Mitarbeiterführung. Mündige Bürger lassen sich auch am Arbeitsplatz nicht ohne weiteres entmündigen.

*Mündige Bürger lassen sich auch am Arbeitsplatz nicht ohne weiteres entmündigen*

Hinzu kommt, dass eine persönlichkeitsfördernde Kindererziehung sowie höhere Bildungsabschlüsse ein anderes Selbstverständnis der Mitarbeiter haben wachsen lassen. Die Mitarbeiter sind selbstbewusster geworden und beanspruchen mehr persönliche Rechte.

Will man als Führungskraft nicht wirklichkeitsfremd operieren, kommt man nicht umhin, die Selbstwertgefühle seiner Mitarbeiter wesentlich stärker zu beachten, als dies in früheren Jahrzehnten erforderlich war.

## Sich wandelnde Wertvorstellungen

*Der Stellenwert von Arbeit hat im Vergleich zu Freizeit, Familie und Hobby kontinuierlich abgenommen*

Die tief greifenden Wandlungsprozesse der letzten Jahrzehnte haben auch zu geänderten Wertvorstellungen in unserer Gesellschaft geführt. Der Stellenwert von Arbeit hat im Vergleich zu Freizeit, Familie und Hobby kontinuierlich abgenommen. Selbst Topmanager sehen heute nicht mehr den alleinigen Sinn ihres Lebens im beruflichen Erfolg. Selbstverwirklichung, persönliches Wachstum und Lebensqualität haben heute einen weit höheren Stellenwert in der allgemeinen Werteskala.

Pauschale Appelle an das Pflichtbewusstsein der Mitarbeiter reichen daher schon lange nicht mehr aus. Vielmehr gilt es, die aus den aktuellen Wertvorstellungen resultierenden Mitarbeiterbedürfnisse (▸**TIPP 21**) als Gegebenheiten zu akzeptieren und die eigene Führungsstrategie darauf aufzubauen.

## Komplexer werdende, sich schnell verändernde Arbeitsprozesse

Die Arbeitsaufgaben und damit die Arbeitsanforderungen sind wesentlich vielfältiger und komplexer geworden und einem schnelleren Wandel unterworfen denn je. Innerhalb kurzer Zeitspannen werden neue Verfahren und Technologien entwickelt, ändern sich ganze Berufsbilder und entstehen völlig neue. Fachwissen veraltet immer schneller.

*Führungskräfte sind auf das aktuelle Fachwissen ihrer spezialisierten Mitarbeiter angewiesen*

Demzufolge können Führungskräfte heutzutage nicht mehr alle Fachdetails beherrschen, sondern sind auf das aktuelle Fachwissen ihrer spezialisierten Mitarbeiter und frisch ausgebildeten Nachwuchskräfte angewiesen.

## Wachsende Führungsbereiche

*Kostensenkungsmaßnahmen ziehen eine Ausdünnung der Führungsebenen nach sich*

Kostensenkungsmaßnahmen haben in den meisten Unternehmen auch zu Reduzierungen beim Führungspersonal geführt. Teilweise wurden ganze Führungsebenen eliminiert. Die Führungsspannen, d. h. die Zahlen der unmittelbar nachgeordneten Mitarbeiter, sowie die fachlichen Anforderungen an die Führungskräfte sind somit gewachsen. Vorgesetzte können sich ihren einzelnen Mitarbeitern nicht mehr so intensiv widmen, wie das früher möglich war. Sie müssen zwangsläufig ihren Zeiteinsatz für Anweisungen und Kontrollen (▸▸**TIPP 64 BIS 73**) reduzieren und deswegen in verstärktem Maß Verantwortung delegieren (▸▸**TIPP 56 BIS 63**).

### Die Konsequenzen

Auf Grund dieser tief greifenden Wandlungsprozesse sind echte, dauerhafte Führungserfolge mit dem traditionellen Vorgesetztenmodell nicht mehr möglich.

*DER ALLMÄCHTIGE, ALLWISSENDE UND ALLGEGENWÄRTIGE VORGESETZTE GEHÖRT DER VERGANGENHEIT AN.*

Führungskräfte sind heute in einem weit höheren Maß vom guten Willen und der Zuverlässigkeit ihrer Mitarbeiter abhängig als in früheren Generationen.

*EINE MODERNE FÜHRUNGSKRAFT SIEHT SICH NICHT ALS HERRSCHER, SONDER ALS DIENSTLEISTER UND BERATER SEINER MITARBEITER.*

## Tipp 3 Erwerben Sie systematisch anforderungsgerechte Führungsfähigkeiten

Die Ansichten darüber, was eine kompetente Führungspersönlichkeit ausmacht, sind unterschiedlich. Auch wissenschaftliche Forschungen haben hierzu keine einheitlichen Ergebnisse erbracht.

Als wichtige Führungskompetenzen, also Eigenschaften und Fähigkeiten, die zum erfolgreichen Führen notwendig sind, werden heute am häufigsten genannt:

**Die wichtigsten Führungskompetenzen**

- Führungswille
- Zielorientiertheit (▸▸ **TIPP 10 BIS 15**)
- Erfolgsorientierung (▸▸ **TIPP 56 BIS 63**)
- Entscheidungsfähigkeit (▸▸ **TIPP 1, 6, 94**)
- Verantwortungsbewusstsein (▸▸ **TIPP 1, 4, 49, 58, 64**)
- Risikobereitschaft (▸ **TIPP 57**)
- Überzeugungskraft (▸▸ **TIPP 11 BIS 13, 37 BIS 43, 85 BIS 91**)
- unternehmerisches Handeln (▸ **TIPP 5**)
- Realitätssinn, Problemsensibilität (▸ **TIPP 10**)
- Optimismus (▸ **TIPP 12**)
- Kommunikationsfähigkeiten (▸▸ **TIPP4, 85 BIS 99**)
- Konfliktfähigkeit (▸▸ **TIPP 37 BIS 43**)
- ganzheitliches Denken (▸ **TIPP 2**)
- Kreativität, Flexibilität
- Vertrauensorientiertheit (▸▸ **TIPP 44 BIS 54**)
- Ehrlichkeit, Offenheit (▸▸ **TIPP 49 BIS 51**)
- Gerechtigkeitssinn, Fairness (▸▸ **TIPP 49 BIS 51, 91**)
- Kontinuität, Berechenbarkeit (▸ **TIPP 9**)

- Begeisterungsfähigkeit
- Motivationsfähigkeiten (▸▸ **TIPP 16 BIS 29**)
- Kontaktfreudigkeit (▸▸ **TIPP 9, 49**)
- Lebens- und Berufserfahrung
- Einfühlungsvermögen (▸▸ **TIPP 4, 18, 21, 36 BIS 40, 52, 91**)
- Beherrschen wichtiger Führungstechniken und -instrumente

Diese Aufzählung soll nicht den Eindruck erwecken, als müsse jeder Vorgesetzte alle diese Eigenschaften in sich vereinen, müssten Führungskräfte Universalgenies sein.

*JEDE FÜHRUNGSROLLE HAT IHRE SPEZIFISCHEN ANFORDERUNGEN UND FÜR JEDE SIND DAHER GANZ BESTIMMTE DER AUFGEZÄHLTEN PERSÖNLICHKEITSMERKMALE BESONDERS WICHTIG.*

*Viele Führungsfähigkeiten lassen sich bis zu einem gewissen Grad erlernen bzw. weiterentwickeln*

Viele der genannten Fähigkeiten lassen sich bis zu einem gewissen Grad erlernen bzw. weiterentwickeln. Man kann sich an Vorbildern orientieren, kann Regeln sowie handwerkliche Führungstechniken und -instrumente in Seminaren kennen lernen und gewinnt manche Einsichten im Laufe der Zeit durch eigene Führungserfahrungen.

Eine herausragende und faszinierende Führungspersönlichkeit erfordert allerdings mehr: Neben den notwendigen Charaktereigenschaften und erworbenen Fähigkeiten gehört dazu ein gewisses Charisma. Eine schwer definierbare überdurchschnittliche und offenbar angeborene persönliche Ausstrahlung, die bei den Griechen der Antike nicht von ungefähr als ein Geschenk der Götter galt.

Doch es mag trösten, dass Unternehmen in aller Regel ohnehin nicht mehr als eine charismatische Führungsnatur verkraften. Mehrere ausgesprochen starke Führer in einer Organisation führen fast immer zu belastenden Konkurrenzkämpfen.

*Muss man zum Führen geboren sein?*

Häufig wird die Meinung vertreten, Führen könne man ohnehin nicht lernen, sondern zum Führen müsse man geboren sein: Entweder man hat es oder hat es eben nicht. Bezeichnenderweise sind es nicht selten Führungskräfte in gehobenen Positionen, die sich in dieser Weise äußern, selber aber keineswegs die wünschenswerten Führungsqualitäten aufweisen. Unkritisch nehmen sie ihre eigene Karriere zum Beweis dafür, auch ohne Führungstraining oder geeignete Weiterbildung erfolgreich sein zu können. Bei genauerem Hinsehen zeigt sich dann jedoch vielfach, dass sie es nur durch Glück, Beziehungen oder Rücksichtslosigkeit so weit gebracht haben.

*FÜHRUNGSKRAFT IST KEINE BERUFUNG, SONDERN EIN BERUF, DER WIE JEDER ANDERE ERLERNBAR IST.*

Jeder geistig und körperlich intakte Mensch ist in der Lage – den echten Willen dazu vorausgesetzt – beispielsweise das Tischlerhandwerk zu erlernen. Es gibt jedoch, wie bei allen Berufen, unterschiedlich begabte und interessierte Tischler. Während die Mehrheit von ihnen solide Facharbeiter bleiben, werden andere Meister ihres Fachs. Warum soll es beim Führungshandwerk grundsätzlich anders sein?

Hinsichtlich des beruflichen Werdegangs gibt es allerdings in der Tat einen gravierenden Unterschied: Ein Tischlerlehrling durchläuft eine mindestens dreijährige Lehre, während derer ihn ein erfahrener Ausbilder mit den geeigneten Werkzeugen und Maschinen vertraut macht und ihn tagtäglich deren Handhabung üben lässt. Außerdem muss der Lehrling einmal in der Woche die Berufsschule besuchen, wo ihm die notwendigen theoretischen Kenntnisse vermittelt werden. Und erst wenn er seine Lehre erfolgreich absolviert und dies durch eine staatlich anerkannte Prüfung belegt hat, darf er sich einer Firma als qualifizierte Fachkraft anbieten.

*„Führungshandwerk" sollte wie jeder andere Beruf systematisch erlernt werden*

Anders bei der Qualifizierung zur Führungskraft. Hier herrscht vielfach immer noch die Meinung vor, dass man das „Führungshandwerk" nicht systematisch zu erlernen brauche, sondern die erforderlichen Fähigkeiten von Hause aus mitbringt oder sie durch Learning by Doing gewissermaßen nebenher erwerben könne.

Während es durch gesetzliche Regelungen sichergestellt ist, dass im Rahmen der Berufsausübung z.B. niemand ohne einschlägige Qualifizierung mit dem Werkstoff Holz umgehen darf, dürfen Vorgesetzte, die niemals gezielt auf ihre Führungsaufgaben vorbereitet wurden, auf Menschen einwirken und Mitarbeiterverantwortung tragen! Selbst an den Hoch- und Fachhochschulen, wo junge Menschen in aller Regel stu-

*Führungslehre oder Betriebspsychologie werden vielfach nur am Rande behandelt*

dieren, um sich für Führungspositionen zu qualifizieren, werden Inhalte der Führungslehre oder Betriebspsychologie bestenfalls in einigen wenigen Wahlfächern angeboten. Was naturgemäß den Eindruck vermittelt, soziale Fähigkeiten seien nur von sekundärer Bedeutung. Somit bleibt das Entwickeln von Führungskompetenzen weitgehend der Weiterbildung und dem Selbststudium vorbehalten.

Bedauerlicherweise ist vor dem Hintergrund der Annahme, dass der auf seinem Gebiet kompetente Fachmann zwangsläufig auch eine komeptente Führungskraft sei, von überforderten Vorgesetzten schon einiges an menschlichem Leid und wirtschaftlichem Schaden angerichtet worden.

*DIE AUF IHREM GEBIET KOMPETENTE FACHKRAFT IST NICHT AUTOMATISCH AUCH EINE KOMPETENTE FÜHRUNGSKRAFT!*

Die unzureichenden Bildungsangebote in Sachen Führung sind keineswegs ein Beleg dafür, dass Führungsfähigkeiten nicht erlernbar sind. Im Gegenteil:

*JEDER DURCHSCHNITTLICH VERANLAGTE UND LERNWILLIGE KANN DIE FÄHIGKEITEN ERWERBEN, UM HERKÖMMLICHE FÜHRUNGSAUFGABEN ZU BEWÄLTIGEN.*

*Führungsqualitäten lassen sich gezielt entwickeln*

Auf welchem Weg man im Lauf seines Lebens Führungsqualitäten entwickeln kann, veranschaulicht die folgende Grafik:

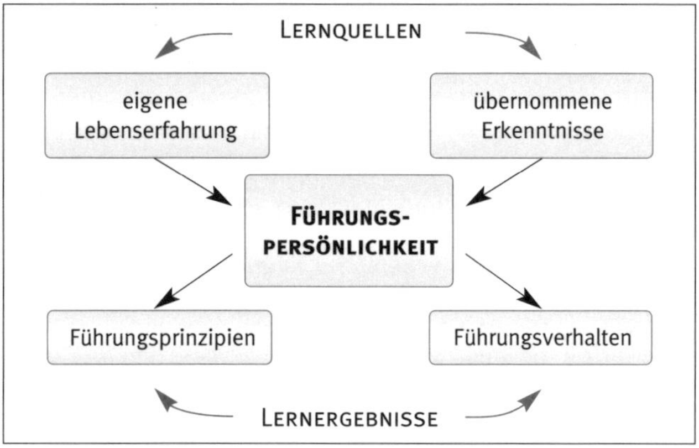


*Abb. I/3: Gezielt Führungskompetenz entwickeln*

*Jeder hat schon einmal Führungsaufgaben übernommen*

Jeder macht lebenslang seine eigenen Erfahrungen mit der Führung von Menschen, sei es als Führender oder als Geführter. Als Kleinkinder wurden wir von unseren Eltern geführt, später von unseren Lehrern, Ausbildern, Vorgesetzten oder Sporttrainern. Aber auch selbst geführt hat jeder von uns in seinem Leben schon des Öfteren, auch wenn man sich dessen nicht immer bewusst war: Vielleicht hat man schon als Kind manchmal beim Spielen die Anführerrolle übernommen, war später in der Schule Klassensprecher, hat anderen Nachhilfeunterricht gegeben oder im Sportverein eine Jugendgruppe trainiert.

*Die biografisch gewachsene Auffassung von Führen ist Bestandteil der individuellen Persönlichkeit*

Auf diese Weise hat sich jeder von uns seine eigene Meinung darüber gebildet, welche Art von Führungsverhalten erfolgreich ist und welche weniger. Wir haben auf diese Weise persönliche Grundsätze entwickelt, wie man mit Menschen umgehen sollte und welche Umgangsweisen unzweckmäßig sind. Und im Lauf der Zeit wurden diese Anschauungen und Prinzipien zu Bestandteilen unserer Persönlichkeit. Andererseits haben wir mit Sicherheit auch so manches über Menschenführung von anderen gelernt, indem wir sie uns zum Vorbild genommen und – bewusst oder unbewusst – bestimmte Ansichten oder Verhaltensweisen übernommen haben. Oder aber wir haben durch gezieltes Lernen von den Erfahrungen und Erkenntnissen anderer profitiert: während der eigenen Ausbildung, beim Lesen von Fachliteratur oder durch die Teilnahme an Weiterbildungsseminaren.

Die auf diesem Weg gewonnenen Einsichten und Fähigkeiten haben, neben den angeborenen Eigenschaften, unsere Führungspersönlichkeit geprägt. Sie sind mitbestimmend für unser Rollenverhalten in Führungssituationen: für die Art, wie wir mit Mitarbeitern kommunizieren, mit Konflikten umgehen oder dafür, welche Maßnahmen wir zum Führen von Mitarbeitern ergreifen.

*Führungsverhalten gezielt verbessern*

Wenn es möglich ist Führungsverhalten zu erwerben, ist es logischerweise auch möglich, dieses durch gezieltes Lernen weiterzuentwickeln. Das heißt, wir können als falsch oder unzweckmäßig erkannte Überzeugungen und Verhaltensgewohnheiten durch Erfolg versprechendere ersetzen.

*DURCH KENNENLERNEN ZUR KENNTNIS, DURCH ANWENDEN ZUM KÖNNEN UND DURCH WIEDERHOLEN ZUR VERHALTENSGEWOHNHEIT.*

## Tipp 4 Emotionale Intelligenz bringt Sie – und Ihre Mitarbeiter – weiter

Früher galt fast ausschließlich die so genannte kognitive oder auch rationale Intelligenz als Garant für den Erfolg eines Menschen. Gemeint waren damit Fähigkeiten wie Gedächtnis, Auffassungsgeschwindigkeit, Sprachverständnis, Rechengewandtheit oder logisches Denken. Diese Art der Intelligenz lässt sich durch Intelligenztests messen und in einem Zahlenwert, dem so genannten Intelligenzquotienten (IQ) ausdrücken.

*Fähigkeit, mit eigenen und fremden Gefühlen umgehen zu können*

Seit Mitte der 90er-Jahre setzte sich jedoch die Erkenntnis durch, dass neben der verstandesmäßigen Intelligenz auch die Fähigkeit, mit eigenen und fremden Gefühlen umgehen zu können, maßgeblich für den Lebenserfolg eines Menschen bestimmend ist.

Der amerikanische Psychologe Daniel Goleman hat hierfür den Begriff der emotionalen Intelligenz (EQ) geprägt. In seinem viel beachteten Buch „EQ, emotionale Intelligenz“ hat er diesbezügliche psychologische Erkenntnisse sowie neuere Ergebnisse der Hirnforschung vorgestellt.

*Positive Gefühle der Mitarbeiter wecken und verstärken*

Laut Goleman sprechen erfolgreiche Führungskräfte die Emotionen ihrer Mitarbeiter an und wecken und verstärken dadurch positive Gefühle. Er unterscheidet dabei vier Dimensionen:

### Selbstwahrnehmung

Gemeint ist hier die Fähigkeit die eigenen Gefühle erkennen zu können, sie zu definieren und bewusst zu erleben, um die eigene Situation besser verstehen zu können.

### Gefühlsmanagement

Die Fähigkeit die eigenen Gefühle kontrollieren und auf Geschehnisse angemessen reagieren zu können, d. h. die notwendige Distanz zu gewinnen und die Dinge weder zu dramatisieren noch zu bagatellisieren. Auch negative Gefühle wahrzunehmen, sich ihnen aber nicht hilflos auszuliefern.

### Soziales Bewusstsein

Das soziale Bewusstsein umfasst die Fähigkeit, sich in andere Menschen hineinversetzen und Mitgefühl für sie aufbringen zu können, um angemessen und gebührend auf sie reagieren und eingehen zu können. Für Führungskräfte besonders wichtig ist hier die Fähigkeit, anderen ein angemessenes Vertrauen (▸▸ **Tipp 44 bis 55**) entgegenzubringen und Verständnis für sie zu zeigen.

**Beziehungsmanagement**

Führungskräfte sollten im Umgang mit anderen Menschen nicht nur reagieren, sondern aktiv selbst Beziehungen aufbauen bzw. mitgestalten. Dazu gehört, Gelegenheiten zur Kommunikation zu suchen, die emotionalen Bedürfnisse anderer zu berücksichtigen und verlässlich zu sein.

Tests mit 350 Managern ergaben, dass sie von ihren Kollegen dann als überdurchschnittlich emotional intelligent eingestuft wurden, wenn diese vier Eigenschaften besonders ausgeprägt waren.

Sicher setzen sich diese, bei jedem Menschen mehr oder minder vorhandenen Fähigkeiten sowohl aus angeborenen Begabungen als auch erlernten Fähigkeiten zusammen. Wie groß der jeweilige Anteil ist, wird nur schwer zu ermitteln sein. Relativ unstrittig ist aber, dass sich die erlernten Anteile in nennenswertem Maß steigern bzw. Defizite verringern lassen.

*Emotionale Intelligenz lässt sich in gewissem Grade erlernen*

Gerade im Bereich der Führung kommt es maßgeblich auf die so genannten „weichen Faktoren“ an. Menschliche Beziehungen lassen sich weder quantifizieren noch restlos objektivieren. Wenn die zwischenmenschliche „Chemie“ nicht stimmt, sind Widerstände (▸▸ **Tipp 37 bis 43**) und damit einhergehende Effizienzverluste schon vorprogrammiert.

*Gerade im Bereich der Führung kommt es maßgeblich auf die „weichen Faktoren“ an*

In vielen Fällen ist es daher angebracht, nicht nur die objektiven Kriterien zu Rate zu ziehen, sondern gewissermaßen auch zwischen den Zeilen zu lesen und vielleicht auch einmal auf seinen Bauch zu hören. Allgemein anerkannt ist inzwischen die Erkenntnis:

*Zum erfolgreichen Führen gehört sowohl rationale als auch emotionale Intelligenz.*

# II Den richtigen Führungsstil finden

## Grundlagen

*Das charakteristische Verhalten und Vorgehen einer Führungskraft bei der Wahrnehmung ihrer Führungsaufgaben*

Unter „Führungsstil“ versteht man in der Managementlehre das charakteristische Verhalten und Vorgehen einer Führungskraft bei der Wahrnehmung ihrer Führungsaufgaben. Einen bestimmten Führungsstil zu pflegen schließt also nicht aus, gelegentlich vom üblichen Verhalten abzuweichen – gewollt oder ungewollt.

Der Streit darum, welcher Führungsstil der richtige sei, ist so alt wie die Menschenführung selbst. Die klassische Führungslehre unterschied lediglich zwischen zwei Führungsalternativen: dem „autokratischen“ und dem „demokratischen“ Führungsstil.

*„Autokratischer“ und „demokratischer“ Führungsstil*

Diese Begriffe beschreiben idealtypisch verdichtet die beiden gegensätzlichen Grundauffassungen von Führung. Das Wort „autokratisch“ kommt vom griechischen „autokrator“, das „Alleinherrscher“ bedeutet. Die Autokratie ist eine Regierungsform, bei der die Staatsgewalt uneingeschränkt in der Hand eines einzelnen Herrschers liegt. Er hat das alleinige Sagen, die anderen haben widerspruchslos zu gehorchen. In diesem Sinn ist auch der autokratische Führungsstil in Unternehmen zu verstehen. Er ist gekennzeichnet durch extreme Sach- und Aufgabenorientierung.

*Heute spricht man von autoritärem Führungsstil*

Statt vom „autokratischen“ wird heute überwiegend vom „autoritären“ Führungsstil gesprochen. Dieser Begriff kommt von dem lateinischen Wort „auctoritas“, das so viel wie „persönliches Ansehen, Geltung“ bedeutet. Von seiner Herkunft her drückt das Wort also eindeutig positive Persönlichkeitsmerkmale aus, ohne die eine erfolgreiche Menschenführung nicht denkbar ist.

*Negativer Beigeschmack von „autoritär“*

Überwiegend wird der Begriff „autoritär“ heute jedoch im negativen Sinn gebraucht: Er soll ein diktatorisches, unbedingten Gehorsam forderndes Verhalten benennen – auf das der Begriff „autokratisch“ allerdings viel besser zutrifft (siehe oben). Insbesondere die in den 60er-Jahren propagierte „antiautoritäre Kindererziehung“ hat dem Wort zu seinem negativen Klang verholfen, obwohl selbstverständlich auch ein Erzieher auf das Ansehen bei seinen Kindern angewiesen ist und er für sie als nachahmenswertes Beispiel gelten muss.

Die ursprünglich positive Bedeutung des Worts finden wir noch immer in der Zusammensetzung „Fachautorität“. Ein Begriff, der eher Anerkennung, mitunter sogar Bewunderung ausdrückt.

*Eine Führungsautorität, die ihren Führungsanspruch durch ihre Persönlichkeit, ihren Hintergrund und ihr Auftreten und nicht nur durch ihre formale Stellung rechtfertigt, kann durchaus von ihren Mitarbeitern akzeptiert werden.*

*Der Begriff „Autorität“ scheint in letzter Zeit einen Imagewandel durchzumachen*

Das in unserem Land durch Kaiserzeit und Hitlerdiktatur zum Negativbegriff verkommene Wort „Autorität“ scheint in letzter Zeit einen Imagewandel durchzumachen. Es mehren sich die Stimmen derer, die einen Mangel an Autoritäten in unserem Staat beklagen. Es werden Politiker vermisst, die auf Grund ihrer starken und berechenbaren Persönlichkeit das Ansehen der Bürger genießen und als Vorbilder gelten können. Und so mancher hielte es für wünschenswert, wenn die Position des Bundespräsidenten als erstem Mann im Staat mit mehr Amtsautorität – und damit mehr Macht – ausgestattet wäre.

Im Interesse einer sauberen Sprachlösung wird im Folgenden ausschließlich die Bezeichnung „autokratischer“ Führungsstil verwendet, die aber durchaus mit dem umgangssprachlichen „autoritär“ gleichgesetzt werden kann.

*Ein demokratischer Führungsstil bindet die Mitarbeiter stärker ein*

Ein demokratischer Führungsstil bindet – wie schon der Begriff vermuten lässt – die Mitarbeiter stärker ein. Die Führungskraft entscheidet nicht allein aufgrund persönlicher oder Amtsautorität, sondern lässt ihre Mitarbeiter zu Wort kommen und bezieht ihre Meinung in die Entscheidungsfindung mit ein.

Das griechische Wort „demos“ bedeutet wörtlich übersetzt: „das Volk“. Die Demokratie ist denn auch eine Regierungsform, bei der vom Volk gewählte Vertreter die Herrschaft ausüben, also alle Macht vom Volk ausgeht. Auf den demokratischen Führungsstil ist dieser Grundsatz jedoch nicht deckungsgleich zu übertragen: Auch in einem ausgesprochen demokratisch geführten Unternehmen werden die Führungskräfte nicht von ihren Mitarbeitern gewählt und haben nicht die Mitarbeiter die alleinigen Machtbefugnisse. In Anlehnung an den ursprünglichen Begriff ist der demokratische Führungsstil vielmehr so definiert, dass die Führenden die Meinungen und Belange der Mitarbeiter in ihre Entscheidungen einfließen lassen, sie ihnen – soweit angemessen und praktikabel – also ein weit gehendes Mitspracherecht einräumen. Allerdings gibt es hierbei unterschiedliche Ausprägungen und sind die Grenzen zwischen noch demokratischem und schon autokratischem Führen fließend. Im Gegensatz zur starken Sachorientierung autokratischer Führung zeichnet sich eine demokratische durch deutliche Mitarbeiter- und Bedürfnisorientierung aus.

*Meinungen und Belange der Mitarbeiter fließen in Entscheidungen ein*

*Deutliche Mitarbeiter- und Bedürfnisorientierung*

Gerade in Bezug auf die Tatsache, dass viele Führungskräfte als Generalisten auf das aktuelle und detaillierte Fachwissen ihrer Mitarbeiter angewiesen sind (▸ **TIPP 3**), ist in vielen Situationen ein demokratischer Führungsstil angebracht.

Ein weiterer Aspekt ist, dass Mitarbeiter besser zu motivieren sind (▸▸ **TIPP 16 BIS 36**), wenn sie eigene Ansichten und Wünsche zur Sprache bringen können.

*Der „Laisser-faire Führungsstil" ist genau genommen gar kein Führungsstil*

In der Fachliteratur wird zuweilen das „Laisser-faire-Prinzip" als dritter klassischer Führungsstil erwähnt. Diese französischsprachige Bezeichnung benennt eine Führung, bei der der Vorgesetzte seine Mitarbeiter nach eigenem Ermessen gewähren lässt – wörtlich: „machen lassen". Das ist jedoch genau genommen letztlich Nicht-Führung und demzufolge auch nicht als Führungsstil zu bezeichnen.

Ein rasanter wirtschaftlicher Aufschwung in den USA führte dort in den 30er-Jahren dazu, sich über neue Führungsmodelle ernsthaft Gedanken zu machen. Die Steigerung der Produktivität in der Industrie durch Optimierung von Arbeitsabläufen sowie Mechanisierung von Fertigungsverfahren drohte an ihre Grenzen zu gelangen.

Man erkannte, dass nennenswerte Rationalisierungseffekte nur noch über den „Produktionsfaktor Mensch" zu erzielen wären. Psychologen begannen zu erforschen, wie der Mensch am wirksamsten zu motivieren sei und entwickelten neuartige Führungsmodelle.

*Eine Vielzahl unterschiedlicher Management-by-Konzepte*

Das Ergebnis war vor allem eine Reihe so genannter Management-by-Konzepte, die in den USA entwickelt, mit zeitlicher Verzögerung in den 60er- und 70er-Jahren auch von der deutschen Führungslehre übernommen wurden. Universitätsprofessoren, Führungskräftetrainer und Fachautoren empfahlen ständig neue Varianten dieser Konzepte und priesen sie mitunter mit missionarischem Eifer als Erfolgsrezepte zur Überwindung aller Führungsprobleme. Einige in Deutschland entwickelte Modifizierungen, wie beispielsweise der kooperative Führungsstil oder das Harzburger Modell, kamen hinzu.

Es zeigte sich aber bald, dass jedes dieser Konzepte seine Schwachstellen hatte und demzufolge wieder verworfen wurde. Heute wird den damals propagierten Führungsstilen und -konzepten keine nennenswerte Bedeutung mehr zugemessen.

*Die Versuche, einen detailliert beschriebenen und universell einsetzbaren Führungsstil zu entwickeln, müssen heute als gescheitert angesehen werden.*

Alle diesen neuartigen Führungsstile bzw. -konzepte waren letztlich dem demokratischen Führen zuzurechnen. Sie empfahlen lediglich unterschiedliche Maßnahmen und Instrumente, um die demokratische Führungsphilosophie in die Praxis umzusetzen.

Geblieben ist jedoch die kontroverse Debatte unter Führungskräften, ob ein autokratisches oder demokratisches Führungsverhalten zu besseren Ergebnissen führt.

*Nach wie vor kontroverse Debatte um autokratisches oder demokratisches Führungsverhalten*

*Die Führungsstildebatte hat sich in den letzten Jahren wieder auf die Grundsatzfrage reduziert: „Autokratisch oder demokratisch führen?"*

## Tipp 5 Entwickeln Sie Mit-Arbeiter zu Mit-Unternehmern

*Mitarbeiter so führen, dass optimale Arbeitsergebnisse erzielt werden*

Ungeachtet der noch immer kontroversen Ansichten über den richtigen Führungsstil und trotz der schwieriger gewordenen Rahmenbedingungen wird von Führungskräften erwartet, dass sie ihre Mitarbeiter so führen, dass optimale Arbeitsergebnisse erzielt werden. Unter den heute herrschenden Zeit- und Erfolgszwängen kann das logischerweise nur mit verantwortungsbewusst und selbstständig handelnden Mitarbeitern gelingen.

Diese Arbeitshaltung kann jedoch bei Mitarbeitern keineswegs als selbstverständlich vorausgesetzt werden. Frühere Lebens- und Berufserfahrungen haben häufig zu andersartigen Einstellungen und Arbeitsgewohnheiten geführt. Jahrzehntelanger Wohlstand, starke Betriebsräte und manches mehr haben bei vielen Mitarbeitern zu einem hohen Anspruchsdenken geführt. Andere sind jahrelang durch autokratische Führungsmethoden zur Unselbstständigkeit, Risikoscheu und Kritiklosigkeit erzogen worden.

*Eine zielbewusste und einfühlsame Führung ist nötig, um Mitarbeiterverhalten grundlegend zu ändern*

Es bedarf einer zielbewussten und einfühlsamen Führung, um auch bei diesen Mitarbeitern die gewünschte Arbeitshaltung und die notwendigen Fähigkeiten zu entwickeln. Dabei sind Geduld und Ausdauer erforderlich. Wer ehrlich gegen sich selbst ist, weiß, wie schwer es ist, selbst eigene Verhaltensgewohnheiten und Anschauungen zu verändern. Wie ungleich schwerer ist es dann, dies bei anderen zu bewirken! Aber auch bei den mündigen und gutwilligen Mitarbeitern bedarf es ständiger Bemühungen, um deren Engagement und Verantwortungsbereitschaft zu bewahren.

*Vom Weisungsempfänger zum Mit-Unternehmer: Die Ansprüche an Mitarbeiter haben sich gewandelt*

Der Autor hat in seinen Seminaren unzählige Führungskräfte unterschiedlichster Wirtschafts- und Verwaltungsbereiche dahingehend befragt, welchen Mitarbeitertyp sie benötigen, um die heutigen Arbeitsaufgaben erfüllen zu können. Immer wieder wurden dabei mehrheitlich die umseitig aufgelisteten Merkmale genannt.

Hätte man noch Mitte der 50er-Jahre Vorgesetzten die gleiche Frage nach wünschenswerten Mitarbeitermerkmalen gestellt, wären mit Sicherheit die klassischen bürgerlichen Ordnungstugenden wie Gehorsam, Fleiß, Ordnung, Höflichkeit, Pünktlichkeit und Ehrlichkeit bevorzugt worden. Das soll

**Profil des unternehmerisch denkenden Mitarbeiters**

ALLGEMEINE GEISTESHALTUNG

- Flexibilität
- Aufgeschlossenheit
- Kreativität
- ganzheitliches Denken
- Optimismus, positives Denken
- Selbstbewusstsein
- kritisches (Mit-)Denken
- Individualismus
- Entscheidungsfreudigkeit
- Risikobereitschaft

ARBEITSHALTUNG

- Verantwortungsbereitschaft
- Selbstständigkeit, Eigeninitiative
- Identifikation mit der Aufgabe
- Zielstrebigkeit/ Zielorientierung
- Motivation, Engagement
- Leistungsbereitschaft
- Zuverlässigkeit, Loyalität
- Sorgfalt, Genauigkeit
- Qualitätsbewusstsein
- Kostenbewusstsein
- Problembewusstsein
- Kundenorientierung

SOZIALVERHALTEN

- Ausgeglichenheit
- Kooperationsbereitschaft
- Teamfähigkeit
- Hilfsbereitschaft, Kollegialität
- aktive/passive Kritikfähigkeit
- Menschlichkeit, Fairness
- Offenheit, Aufrichtigkeit
- Objektivität
- konstruktive Konfliktfähigkeit
- Kompromissbereitschaft
- Kundenfreundlichkeit
- Umgangsformen, Höflichkeit

BERUFLICHE EIGNUNG

- qualifizierte Ausbildung
- Fachkompetenz
- Berufserfahrung
- Lern-/Bildungsbereitschaft
- Lernfähigkeit
- fachliche Vielseitigkeit
- körperliche/psychische Belastbarkeit
- stabile Gesundheit

nun keinesfalls besagen, dass diese Persönlichkeitsmerkmale heute bedeutungslos geworden sind oder gar als Untugenden gelten. Auch heute wird ein Vorgesetzter Wert darauf legen, dass seine Mitarbeiter pünktlich zur Arbeit erscheinen und am Arbeitsplatz Ordnung halten. Doch werden Ordnung und Pünktlichkeit – sieht man von ausgesprochen diffizilen oder zeitabhängigen Tätigkeiten ab – nicht mehr als entscheidende Tugenden für den Arbeitserfolg gesehen.

*Jede Führungsaktivität ist daran zu messen, ob sie dazu beiträgt, den für den Unternehmenserfolg erforderlichen Mitarbeitertyp zu entwickeln oder ihn eher verhindert.*

*Mitdenkende Mitarbeiter dienen unmittelbar dem Erfolg der Führungskraft*

Das gilt nicht nur im Sinn des Unternehmensinteresses, sondern dient auch dem Erfolg und dem rationellen Energieeinsatz der Führungskraft selbst. Sinngemäß sollte dieser Grundsatz für die gesamte Führungskultur im Unternehmen gelten!

## Tipp 6 Führen Sie Ihre Mitarbeiter situationsgerecht!

*Zwei grundsätzliche Führungsstile, das autokratische und das demokratische Führen*

Grundsätzlich bieten sich zwei Führungsstile an, das autokratische Führen, bei dem die Führungskraft aufgrund ihrer Persönlichkeit, Kompetenz und hierarchischen Stellung entscheidet und das demokratische Führen, das die Meinungen und Wünsche der Mitarbeiter einbezieht (siehe auch die Problembeschreibung eingangs dieses Kapitels). Für beide Führungsstile lassen sich gute Argumente anführen.

| **Mögliche positive Auswirkungen des autokratischen Führens** | **Mögliche positive Auswirkungen des demokratischen Führens** |
|---|---|
| • schnelle Entscheidungen<br>• keine langwierigen Meinungsbildungen<br>• keine Blockaden durch Uneinigkeit<br>• kein Infragestellen von Entscheidungen | • praxisnahe Entscheidungen<br>• Wissens- und Erfahrungsaustausch<br>• Anregungen durch kontroverse Debatten<br>• echte Akzeptanz der Entscheidungen |

| | |
|---|---|
| • unanzweifelbare Amtsautorität des Führenden | • überzeugende Persönlichkeitsautorität der Führungskräfte |
| • Durchsetzungsvermögen des Führenden | • Einbringen menschlicher Qualitäten |
| • straffe, übersichtliche Organisation | • hohe Identifikation mit dem Unternehmen |
| • eindeutige Weisungsbefugnisse | • Mitsprache- und Gestaltungsmöglichkeiten der Mitarbeiter |
| • klare Abgrenzung der Arbeitsgebiete | • hohes Verantwortungsbewusstsein |
| • kein bequemes Abtauchen in der Gruppe | • Nutzung von Erfahrungen und Ideen |
| • präzise Durchführungsanweisungen | • selbstständiges Arbeiten der Mitarbeiter |
| • betont vorgabengerechtes Arbeiten | • Chancen für persönliche Erfolgserlebnisse |
| • hohe Spezialisierung und Routine | • flexible Einsetzbarkeit der Mitarbeiter |
| • geringer Koordinierungsbedarf | • breites Vertreterpotenzial |
| • Wissensvorsprung der Führung | • Verständnis für Gesamtzusammenhänge |
| • direkte Aufgabenzuweisung | • Teamgeist, Arbeiten in Gruppen |
| • klar geregelte Instanzenwege | • lockere, persönliche Zusammenarbeit |
| • unverzügliches Ändern von Vorgaben | • hohe Eigenmotivation der Mitarbeiter |
| • feste Ansprechpartner bei Problemen | • gute Improvisationsfähigkeiten |
| • unmittelbares Eingreifen der Führung | • starkes Selbstvertrauen der Mitarbeiter |
| • aktivierende Leistungskontrollen | • weitgehende Selbstkontrolle |
| • direkte Zuordbarkeit von Fehlern | • Chancen selbstständiger Fehlerkorrektur |
| • wenig Aufwand für Überzeugungsarbeit | • Zulassen konstruktiver Kritik |
| • Sicherheitsgefühl durch klare Regeln | • Entstehen eines humanen Arbeitsklimas |
| • geringes Eigenrisiko der Mitarbeiter | • hohe Eigenverantwortung der Mitarbeiter |
| • kein Diktat durch Mehrheitsmeinungen | • Berücksichtigung individueller Belange |

*Je nach Situationsbezug weisen BEIDE Führungsstile Vor- und Nachteile auf*

Wie deutlich nachvollziehbar wird, weisen BEIDE Führungsstile eine ganze Reihe von Vorzügen auf, wobei man allerdings je nach Situation, individueller Betrachtungsweise und persönlichen Wertvorstellungen viele der genannten Aspekte sowohl positiv als auch negativ interpretieren kann.

*EINE KLARE AUSSAGE DARÜBER, WELCHE DER BEIDEN ARTEN DES FÜHRENS DIE EINZIG RICHTIGE IST, LÄSST SICH DEMZUFOLGE NICHT TREFFEN.*

*Unstrittige Empfehlung, situationsgerecht zu führen*

Erst in den 70er-Jahren setzte sich auch bei den Theoretikern die Einsicht durch, dass die Versuche der vergangenen Jahrzehnte, den Führungskräften ein konkret beschriebenes, allgemein gültiges Führungskonzept an die Hand zu geben, scheitern mussten. Daher die heute weitgehend unstrittige Empfehlung, situationsgerecht zu führen bzw. den „situativen Führungsstil" zu praktizieren. Dies beinhaltet sowohl eine autokratische als auch eine demokratische Komponente, deren Gewichte auf jeden Einzelfall bezogen abzuwägen sind.

So kann z.B. in Situationen mit hohem Handlungsdruck eine autokratische Führung angebracht sein (demokratische Entscheidungsprozesse würden hier handlungsunfähig machen), wohingegen angesichts langfristiger Entscheidungen von großer Tragweite, die eine hohe Mitarbeitermotivation erforderlich machen, ein demokratischer Führungsstil sinnvoll ist (ein autokratisches Vorgehen würde hier den berechtigten Widerstand der Mitarbeiter hervorrufen); siehe auch ▸**TIPP 7**.

*ES GIBT KEIN ALLGEMEIN GÜLTIGES FÜHRUNGSKONZEPT WOHL ABER MÖGLICHKEITEN JEWEILS SITUATIONSANGEMESSEN ZU FÜHREN.*

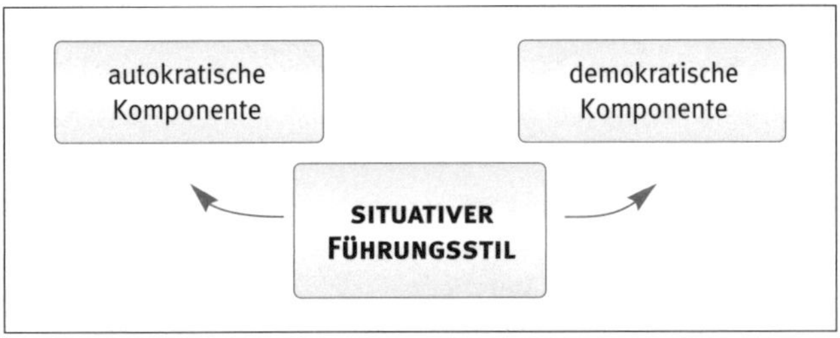


*Abb. II/1: Es gibt nicht DEN richtigen Führungsstil*

## Tipp 7 Schätzen Sie die aktuelle Führungssituation richtig ein

Grundvoraussetzung für ein tatsächlich situationsgerechtes Führen (▸ TIPP 6) ist, die jeweilige Situation richtig einzuschätzen. Wichtig ist zu erkennen, welche Merkmale der Situation dafür entscheidend sind, ob ein eher demokratisches oder autokratisches Vorgehen Erfolg versprechender ist.

*Wann ist ein demokratisches oder autokratisches Vorgehen Erfolg versprechender?*

*DIE HOHE KUNST DES SITUATIVEN FÜHRUNGSSTILS BESTEHT DARIN, DIE JEWEILIGE FÜHRUNGSSITUATION ZUTREFFEND EINZUSCHÄTZEN, UM DANN SITUATIONSGERECHT AGIEREN ZU KÖNNEN.*

In manchen Führungssituationen fällt das nicht schwer, weil die Vorteile auf der Hand liegen. Wenn beispielsweise der Leiter einer Feuerwache für ein besonders gefahrenträchtiges öffentliches Gebäude vorsorglich einen Einsatzplan erstellen will, so kann er dazu grundsätzlich sowohl einen autokratischen als auch demokratischen Weg wählen: Er kann den Plan entweder selbst ausarbeiten oder ihn im Meinungsaustausch zusammen mit seinen Feuerwehrleuten entwerfen.

Mit hoher Wahrscheinlichkeit würde die demokratische Vorgehensweise durch die Berücksichtigung der Praxiserfahrungen und Ideen seiner Mitarbeiter zu einem besseren Ergebnis führen. Außerdem würde der Einsatzleiter dabei die Beteiligten automatisch ausführlich informieren und sie würden sich mit dem neuen Plan stärker identifizieren.

Geht jedoch tatsächlich ein Feueralarm ein, so wäre es angesichts des Brandes und der bedrohten Menschenleben im wahrsten Sinn des Worts lebensgefährlich, wenn der Einsatzleiter mit seinen Leuten zunächst ausdiskutieren würde, ob sie in diesem Fall nach Variante A oder B des Einsatzplans vorgehen wollten. Hier gibt es nur eines: Kraft seines Amts hat er autokratisch anzuordnen, welche Maßnahmen zu ergreifen sind. Danach kann er immer noch eine Manöverkritik abhalten, in der sich seine Mitarbeiter im Sinn demokratischen Führens einbringen können.

*Führungssituationen sind selten eindeutig strukturiert*

Doch sind Führungssituationen selten so eindeutig strukturiert, wie in diesem Feuerwehrbeispiel. Vielmehr ist die Mehrheit der Fälle durch zahlreiche verschiedenartige Elemente charakterisiert, die möglicherweise zum Teil für ein demokratisches, zum Teil für ein autokratisches Vorgehen sprechen. Folgende Merkmale können die Charakteristik einer Führungssituation ausmachen:

**Kriterien für die Einschätzung einer Führungssituation**

| Personale Elemente | Soziale Elemente |
| --- | --- |
| • Vorgesetztenpersönlichkeit<br>• Mitarbeiterpersönlichkeit<br>• persönliche Interessenlagen<br>• Kenntnisstand der Beteiligten | • allgemeines Arbeitsklima<br>• Vorgesetzten-Mitarbeiter-Beziehung<br>• Beziehungen in der Mitarbeitergruppe<br>• Gewohnheiten, Verhaltensnormen |
| **Organisatorische Elemente** | **Fallspezifische Elemente** |
| • Zielsetzungen, Aufgabenarten<br>• Zuständigkeitsregelungen<br>• Gruppenzusammensetzung<br>• Arbeitsabläufe<br>• Arbeitsbedingungen | • Problemanlass<br>• Problemauswirkungen<br>• Wichtigkeit, Dringlichkeit<br>• aktuelle Stimmungslage<br>• Analogien zu ähnlichen Fällen |

Wie man sieht, ist es eine kaum überschaubare Vielfalt an Einflüssen, die bei der Entscheidung für das eigene Führungsverhalten zu berücksichtigen sind. Demzufolge sind die Anforderungen an die Sozialkompetenz der Führungskraft (▸▸ **Tipp 1 bis 4**) bei einem modernen, situationsgerechten Führungsstil (▸ **Tipp 6**) besonders hoch.

*Situationsgerechtes Führen erfordert ein psychologisch fundiertes und zeitgemässes Führungsverständnis (▸ Tipp 2) sowie ein hohes Mass an Einfühlungsvermögen.*

## Tipp 8 Verfolgen Sie trotz Situationsbezugs eine klare Zukunftslinie

Wo die Vorzüge der autokratischen Vorgehensweise einerseits und der demokratischen andererseits dicht beieinander liegen, können beide Wege zu annähernd gleich guten Ergebnissen führen. Man sollte jedoch stets in Rechnung stellen, dass jede Führungsmaßnahme und jedes Führungsverhalten auch eine Zukunftsdimension hat. Mit der Art des Verhaltens in einer aktuellen Situation setzt man automatisch Maßstäbe für die Zukunft, an denen die Mitarbeiter einen in künftigen ähnlichen Situationen messen werden. Was man heute zulässt, kann man morgen nicht untersagen, ohne Enttäuschungen auszulösen und irgendwann unglaubwürdig zu werden.

*Jede Führungsmaßnahme und jedes Führungsverhalten hat auch eine Zukunftsdimension*

In jeder Führungssituation nimmt man Einfluss auf die Überzeugungen und Grundeinstellungen seiner Mitarbeiter, wirkt man sozusagen erziehend. Man sollte sich stets bewusst sein, welchen Mitarbeitertyp man sich langfristig schaffen will: den verantwortungsbewussten Partner oder den angepassten Jasager (▸ **TIPP 5**). Die Wahl zwischen autokratischem und demokratischem Verhalten darf nicht nur vom momentanen Effekt abhängen, sondern muss sich vor allem an den langfristigen Führungszielen orientieren.

*Welchen Mitarbeiter wollen Sie langfristig haben: den verantwortungsbewussten Partner oder den angepassten Jasager?*

Gerade in der Grauzone der nicht eindeutig zuordenbaren Situationen beweist sich das persönliche Führungsverständnis, zeigt sich die Grundeinstellung der Führungskraft (▸▸ **TIPP 1 BIS 4**). Angesichts der heutigen gesellschaftlichen Bedingungen und des herrschenden Selbstverständnisses der Menschen in unserer Gesellschaft lässt sich aber Folgendes sagen: Eine Führungskraft kann heutzutage auf Dauer nur dann erfolgreich sein, wenn sie überwiegend im Sinn des demokratischen Führungsstils verfährt und nur dann davon abweicht, wenn in einer konkreten Situation die Vorzüge des autokratischen Führens deutlich überwiegen. Nur eine derartige Grundhaltung wird den Gegebenheiten unserer Zeit gerecht.

*UNTER DEN HEUTIGEN GESELLSCHAFTLICHEN UND WIRTSCHAFTLICHEN BEDINGUNGEN ERFORDERT EINE ERFOLGREICHE MITARBEITERFÜHRUNG EINEN DEMOKRATISCH GEPRÄGTEN FÜHRUNGSSTIL, DER DEN SITUATIVEN GEGEBENHEITEN GERECHT WIRD.*

*Demokratisches, personenorientiertes Führen benötigt einen langen Atem*

Demokratisches, personenorientiertes Führen benötigt allerdings einen langen Atem und ist meist von gelegentlichen Enttäuschungen begleitet. Das darf jedoch nicht entmutigen. Es gibt keinen Führungsstil, der nur Erfolge beschert!

*LANGFRISTIG ZAHLT SICH EIN DERARTIGER FÜHRUNGSSTIL DURCH GESTEIGERTE ARBEITSERFOLGE, ANGENEHMES BETRIEBSKLIMA SOWIE FREUDE AM FÜHREN AUS.*

## Tipp 9 Versuchen Sie vor allem authentisch und berechenbar zu sein

*Maßgebender Einfluss der Persönlichkeitsmerkmale der Führungskraft*

Inwieweit sich ein Führungsstil in der Praxis positiv oder negativ auswirkt, hängt immer auch von manchen Persönlichkeitsmerkmalen der Führungskraft selbst ab. Während der eine Vorgesetzte gerade wegen seines konsequenten Verfolgens gesteckter Ziele von seinen Mitarbeitern geschätzt wird, wird ein anderer mit gleicher Grundhaltung als stur und rücksichtslos kritisiert. Beispielsweise können Unterschiede in Wortwahl, Mimik oder Stimme zu unterschiedlichen Reaktionen führen oder aber auch das Lebensalter, Fachwissen oder die Herkunft des Vorgesetzten. Die Reihe dieser Persönlichkeitseinflüsse ließe sich mühelos fortführen.

*Berücksichtigung der verschiedenartigen Mitarbeitermentalitäten*

Darüber hinaus spielen die verschiedenartigen Mitarbeitermentalitäten eine wichtige Rolle. Es gibt ausgesprochen selbstbewusste Mitarbeiter, die es bevorzugen, als mündige Partner behandelt zu werden und selbstständig arbeiten zu können und ängstlichere Naturen, die lieber angeleitet werden wollen. Diese unterschiedlichen persönlichen Reifegrade von Mitarbeitern sind oft das Ergebnis früherer Führung. Vor diesem jeweils individuellen Hintergrund wird oft ein und derselbe Führungsstil von den Geführten sehr unterschiedlich aufgenommen. Im Rahmen eines situationsgerechten Führungsstils sind daher auch die Mitarbeitergewohnheiten zu berücksichtigen.

*Bekenntnis zu den eigenen Führungsgrundsätzen*

Entscheidend ist, dass man sich zu seinen eigenen Grundsätzen bekennt und in seinem Führungsverhalten authentisch ist. Es genügt nicht, nur der Vernunft gehorchend die Logik einer bestimmten Führungsmethodik zu bejahen. Steht man nicht auch mit seinen Gefühlen und dem eigenen Bild vom Menschen uneingeschränkt dazu, merken das die Mitarbeiter bald und man verliert seine Glaubwürdigkeit. Mitarbeiter wünschen sich vom Vorgesetztenverhalten vor allem Verlässlichkeit und Glaubwürdigkeit. Sie wollen wissen, woran sie sind und woran sie ihr eigenes Verhalten orientieren können.

*Mitarbeiter wünschen sich vor allem Verlässlichkeit und Glaubwürdigkeit*

*DER MIT SICHERHEIT SCHLECHTESTE FÜHRUNGSSTIL IST DER, AUS MANGELNDER ÜBERZEUGUNG ODER JE NACH MOMENTANER STIMMUNG HEUTE DEMOKRATISCH UND MORGEN AUTOKRATISCH VORZUGEHEN.*

Auch in unserer heutigen demokratisch geprägten Gesellschaft gibt es genügend Beispiele ausgesprochen autokratischer Vorgesetzter, die dennoch sehr erfolgreich sind und von den Geführten – wenn nicht gerade geliebt – so doch geschätzt, manchmal sogar verehrt werden. Das sind diejenigen Führenden, die fast immer die richtige Entscheidung treffen, von anderen hohe Leistungen verlangen, sich aber auch selber nicht schonen und überzeugende Vorbilder sind. Und die sich in kritischen Situationen vor ihre Leute stellen. Ein derartiges autokratisches, mitunter auch patriarchalisch wirkendes Führungsverhalten (▶ **TIPP 3**), setzt jedoch heute mehr denn je eine reife, imponierende Persönlichkeit mit großer Lebens- und Berufserfahrung voraus.

# III Mitarbeiter auf Ziele orientieren

## Grundlagen

Nur vor dem Hintergrund einer eindeutigen Zielsetzung sind zielbewusstes Entscheiden und zielgerichtetes Handeln möglich. Ehe man ein Projekt in Angriff nimmt oder eine Arbeit beginnt, muss Klarheit darüber geschaffen sein, was erreicht werden soll. Andernfalls kommt es zu planlosen Aktivitäten, bei denen es reine Glücksache ist, ob etwas Wünschenswertes dabei herauskommt. Selbst wenn man es beispielsweise bei einer Ideenfindung bewusst dem Zufall überlassen will, zu welchen neuen Einfällen man kommt, so liegt auch diesem Prozess eine Zielsetzung zugrunde: nämlich etwas wirklich Neuartiges zu entwickeln und sich dabei alle Möglichkeiten offen zu halten.

> *Nur wer ein konkretes Ziel vor Augen hat wird einen geraden Weg gehen.*

## Tipp 10 Unterscheiden Sie zwischen Zielen und Wünschen

Wünsche spiegeln etwas wider, von dem man meint, es könne einem die größtmögliche Zufriedenheit verschaffen. Wünsche können erfüllbar, dürfen aber auch durchaus völlig unrealistisch sein; nur wäre es dann zwecklos, seine Strategien an derartigen Vorstellungen auszurichten. Ziele hingegen beschreiben die am jeweiligen Leitbild orientierten konkreten Soll-Zustände. Sie spiegeln die Endergebnisse aller einzuleitenden Aktivitäten. Für die einzelnen Handlungsschritte können wiederum Teilziele (Feinziele) formuliert werden, die sich am Gesamtziel (Grobziel) ausrichten.

*Wünschen lässt sich alles Mögliche und auch Unmögliche*

Wünschen lässt sich alles Mögliche und auch Unmögliche. Man kann Zustände für richtig oder falsch halten auch ohne, dass diese überhaupt beeinflussbar sind. Ziele hingegen müssen auch die Chance der Verwirklichung bieten. Beispielsweise kann es mir niemand verwehren, den Wunsch zu haben, ewig zu leben. Als Lebensziel wäre diese Vorstellung jedoch untauglich, da nicht realisierbar. Es wäre sinnlos seine Lebensführung daran auszurichten. Ebenso kann ich es mir durchaus wünschen, dass meine Mitarbeiter auch ohne Entlohnungs- und Urlaubsansprüche auf Dauer und mit voller Hingabe für das Unternehmen arbeiten. Mache ich das jedoch zu meinem Führungsziel, werde ich mit Sicherheit scheitern.

*Ziele hingegen müssen immer die Chance der Verwirklichung bieten*

*WÄHREND WÜNSCHE UNERFÜLLBAR SEIN KÖNNEN, MÜSSEN ZIELE UNTER DEN ZU ERWARTENDEN BEDINGUNGEN REALISIERBAR SEIN.*

Als Führungskraft sollte man sich daher nicht an Wünschen, sondern an echten, d. h. möglichst konkreten Zielen orientieren und diese den Mitarbeitern vermitteln. Was natürlich nicht ausschließen darf, berechtigte und realisierbare Wünsche der Mitarbeiter dabei angemessen in Rechnung zu stellen.

## Tipp 11 Sorgen Sie für Zielakzeptanz

*Es sind klare und anerkannte Zielvereinbarungen erforderlich*

Es sind klare und anerkannte Zielvereinbarungen erforderlich, wenn von Mitarbeitern erwartet wird, dass sie

- mit derselben Zielrichtung,

- in der gewünschten Vorgehensweise,
- im Einklang miteinander und
- mit dem erforderlichen Engagement arbeiten.

Dazu muss das Ziel folgende Bedingungen erfüllen:

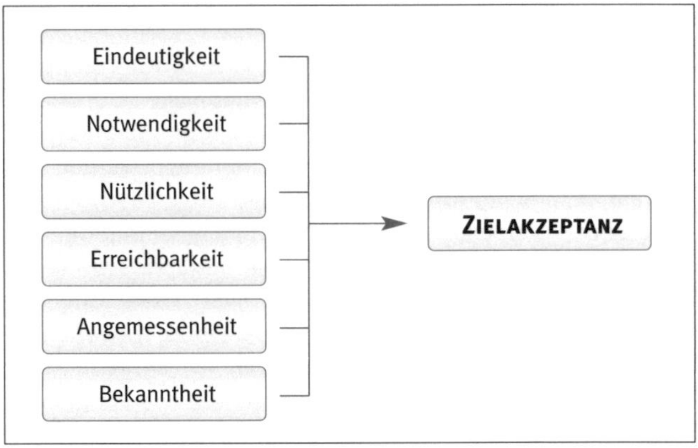


*Abb. III/1: Faktoren der Zielakzeptanz*

*DAMIT SICH MITARBEITER FÜR DAS ERREICHEN EINES ZIELS ENGAGIEREN, MÜSSEN SIE ES AKZEPTIEREN UND SICH MIT IHM IDENTIFIZIEREN KÖNNEN.*

## Eindeutige Ziele setzen

*Informationen in einer für den Mitarbeiter verständlichen Sprache geben*

Eine Grundvoraussetzung für die Realisierung eines Ziels ist, dass es eindeutig beschrieben ist. Lässt sich die Zielvorgabe unterschiedlich interpretieren, kommt es zu hemmenden Zweifeln, Rückfragen oder Streitigkeiten und das ursprünglich angestrebte Ziel wird möglicherweise verfehlt. Schlimmstenfalls wird durch die Aktivitäten mehr Schaden als Nutzen verursacht. Daher ist es für die Zielvereinbarung von entscheidender Bedeutung, dass dem betreffenden Mitarbeiter alle für sein Verständnis notwendigen Informationen in einer für ihn verständlichen Sprache gegeben werden. Das erfordert in erster Linie:

- ihm die notwendigen Informationen und Durchführungshinweise zu geben,
- dabei seinen Kenntnisstand in Rechnung zu stellen,

- komplexere Zielvorstellungen logisch zu strukturieren,
- unmissverständliche Begriffe und Formulierungen zu verwenden
- und dabei auf seine Sprachgewohnheiten einzugehen.

Um sicherzugehen, dass man nicht missverstanden wurde, ist es wichtig, auf die verbalen sowie nonverbalen Reaktionen des Gesprächspartners zu achten. Auch Rückfragen oder die Bitte um Wiederholung können die Verständigung absichern.

*Auf die verbalen und nonverbalen Reaktionen des Gesprächspartners achten*

**Notwendige Ziele setzen**

Mitarbeiter müssen erkennen können, dass die Zielerreichung tatsächlich notwendig ist. Sie dürfen nicht das Gefühl bekommen, bei der Arbeitsaufgabe handele es sich um reine Prinzipienreiterei des Vorgesetzten oder sogar gezielte Schikane.

Daher sollten der Anlass erläutert und die möglichen Folgen einer Zielverfehlung verdeutlicht werden. Manchmal kann es notwendig sein einem Mitarbeiter bewusst zu machen, dass letztendlich alle (sinnvollen) Arbeiten dazu dienen, die Existenz des Unternehmens und damit auch seines eigenen Arbeitsplatzes zu sichern.

*Den Anlass erläutern und die möglichen Folgen einer Zielverfehlung verdeutlichen*

**Nützliche Ziele setzen**

Der Nutzenaspekt einer Arbeitsaufgabe ist ein wichtiger Motivationsfaktor.

*Mitarbeiter wollen in ihrem Handeln sowohl einen Nutzen für das Unternehmen als auch für sich selber erkennen können.*

Egoismus ist ein ererbter Selbsterhaltungstrieb. Er ist etwas völlig Natürliches und in vernünftigen Grenzen nichts Verwerfliches und muss demzufolge auch Mitarbeitern zugestanden werden. Es ist absolut unrealistisch, von Mitarbeitern zu verlangen, sie sollten sich völlig selbstlos für die Belange des Unternehmens einsetzen.

Selbstverständlich wollen sie auch für sich selbst einen angemessenen Nutzen erzielen. Dabei muss dieser keineswegs immer materieller Art sein (▸ **Tipp 27**): Er kann auch aus

*Die Zielerreichung sollte auch dem Mitarbeiter Vorteile bringen*

Spaß an der Arbeit, persönlichem Erfolgserlebnis, Lob des Vorgesetzten oder vielen anderen emotionalen Anreizen resultieren.

## Erreichbare Ziele setzen

*Ein Ziel darf nur realistische Anforderungen an die Mitarbeiter stellen*

Ein Ziel darf nur realistische Anforderungen an die Mitarbeiter stellen, wenn alle ihre Kräfte für die Zielverfolgung mobilisiert werden sollen. Sie müssen daran glauben können, dass sie das gesteckte Ziel mit ihren eigenen Fähigkeiten und den verfügbaren Sachmitteln sowie Befugnissen erreichen können. Unrealistisch hohe Anforderungen hingegen lassen sie resignieren und führen zu demotivierenden Misserfolgserlebnissen.

*Attraktive Herausforderungen können ebenfalls motivieren*

Andererseits kann es aber auch demotivierend wirken, wenn die Anforderungen zu häufig unter dem Leistungsniveau der Mitarbeiter liegen. Hin und wieder sollten sich Ihre Mitarbeiter echten Herausforderungen stellen müssen, an denen sie sich messen und an ihnen wachsen können. Langfristig gesehen sollte das allgemeine Anforderungsniveau – zumindest zeitweise – eher etwas über dem normalen Leistungsniveau liegen als umgekehrt.

## Angemessene Ziele setzen

*Vernünftiges Verhältnis zwischen Aufwand und Nutzen anstreben*

Die Anstrengungen, die die Zielerreichung einem Mitarbeiter abverlangt, sollten in einem vernünftigen Verhältnis zum erzielbaren Nutzen stehen. Andernfalls wird er sich (bewusst oder unbewusst) nur in begrenztem Maß für die Zielerreichung einsetzen. Möglicherweise fühlt er sich sogar schikaniert.

## Ziele bekannt geben

*Die Sicht der Mitarbeiter einnehmen und nichts unreflektiert als selbstverständlich voraussetzen*

Dass die Arbeitsziele den betreffenden Mitarbeitern bekannt sein müssen, mag wie eine Binsenweisheit klingen. Dennoch kommt es in der Praxis nicht selten vor, dass die Erledigung einer bestimmten Arbeit vom Vorgesetzten als Selbstverständlichkeit angesehen wird, obwohl sie nicht zu den Regelaufgaben des betreffenden Mitarbeiters gehört und er auf Grund seines begrenzten Verantwortungsrahmens sowie Hintergrundwissens die Notwendigkeit der Arbeit durchaus nicht selbst erkennen müsste.

Daher gehört es zu den Aufgaben der Führungskraft, wichtige Ziele allen betroffenen Mitarbeitern rechtzeitig, umfassend und gleichmäßig bekannt zu geben. Damit sie klärende Fragen stellen und unverzüglich ihre Bedenken oder Zweifel äußern können, sollte dies möglichst im persönlichen Gespräch (▸▸ **Tipp 92 bis 99**) erfolgen. Was nicht ausschließt, besonders wichtige oder schwierige Sachverhalte als Gedächtnisstütze zusätzlich schriftlich festzuhalten.

## Tipp 12 Formulieren Sie Ziele wirkungsvoll

Die Wirksamkeit einer Zielvereinbarung hängt nicht alleine von den gegebenen Sachinformationen ab, sondern es spielt auch die sprachliche Formulierung eine maßgebliche Rolle.

*Damit Ziele motivieren können, müssen sie wirkungsvoll formuliert werden*

Es hängt von der Art und Weise der verbalen sowie nonverbalen Übermittlung an die betreffenden Mitarbeiter ab, ob

- das Ziel tatsächlich als verbindliche Soll-Vorgabe aufgefasst wird,
- keine Zielelemente missverstanden werden,
- das Ziel motivierend und aktivierend wirkt und
- die Zielerreichung kontrollierbar und bewertbar ist.

### Ziele unmissverständlich formulieren

*Verbindliche Vorgaben machen*

Die Formulierung darf keinen Zweifel daran aufkommen lassen, dass es sich um eine verbindliche Vorgabe handelt und nicht nur um einen Wunsch (▸ **Tipp 10**).

Die Aufforderung *„Bitte sorgen Sie dafür, dass der Brief noch heute rausgeht“*, benennt einen anzustrebenden konkreten Endzustand und setzt somit ein echtes Ziel.

Die Aussage *„Es wäre gut, wenn Sie den Brief noch heute absenden könnten“*, beschreibt dagegen lediglich einen Wunsch.

*Ein Ziel ist die Beschreibung eines geplanten Endzustands.*

*In sich logische und widerspruchsfreie Ziele*

Das Ziel muss in sich selber logisch und widerspruchsfrei sein und darf auch nicht im Widerspruch zu anderen, bereits vereinbarten Zielen stehen.

*Prioritäten in Bezug auf mehrere Ziele setzen*

Werden gleichzeitig mehrere Arbeitsziele vereinbart, müssen Prioritäten gesetzt werden, damit die Mitarbeiter sich nicht verzetteln und dadurch überfordert fühlen. Die Prioritäten geben ihnen die Sicherheit, welche Arbeiten sie bei Engpässen am ehesten zurückstellen können, ohne vermeidbaren Schaden zu verursachen.

Sprache ist immer mehrdeutig und birgt stets die Gefahr des Missverständnisses! Daher sollte man das Risiko des Missverstehens stets einkalkulieren. Man sollte alles dafür tun, sich verbal und nonverbal verständlich auszudrücken und sich immer wieder vergewissern, ob man nicht dennoch missverstanden wurde.

*Sich vergewissern, dass auch alles richtig verstanden wurde*

### Ziele motivierend formulieren

Bei Zielformulierungen kommt es nicht nur auf das Übermitteln rationaler Informationen an, sondern es spielen auch die emotionalen Botschaften eine wichtige Rolle. Schließlich sollen Ziele nicht nur verstanden werden, sondern auch die Bereitschaft zur Zielverfolgung wecken bzw. eventuelle gefühlsmäßige Widerstände abbauen.

*Ziele motivieren und aktivieren am stärksten, wenn sie konkret, überzeugend und positiv formuliert sind.*

*Ziele präzise und detailliert beschreiben*

- Ziele sollten daher präzise und detailliert beschrieben werden. Je konkreter die Vorstellungen der Mitarbeiter vom Zielbild sind, desto bereitwilliger werden sie darauf hinwirken. Sind die Zielvorstellungen hingegen verschwommen, werden sie unsicher und zögerlich handeln.

*Zielvorgaben in der Ich-Form und im Indikativ ausdrücken*

- Zielvorgaben sollten in der Ich-Form und im Indikativ (Wirklichkeitsform) ausgedrückt sein. Arbeitsaufträge in der dritten Person oder im Konjunktiv (Möglichkeitsform) wirken unbestimmt und wenig überzeugend. Sie vermitteln den Eindruck, der Sprecher sei sich seiner Sache nicht sicher. Es hinterlässt im Unterbewusstsein eine andere Wirkung, ob ein vager Wunsch formuliert wird, *„Es wäre schön, wenn Sie das heute noch erledigen könnten“*, oder ob die konkrete Bitte ausgesprochen wird *„Ich bitte Sie, das heute noch zu erledigen.“*

*Positiv formulierte Ziele stimmen optimistisch*

- Positiv formulierte Ziele stimmen optimistisch, machen Mut und setzen nachweisbar innere Kräfte frei. Negative Formulierungen hingegen stimmen pessimistisch und haben demzufolge eine eher deaktivierende Wirkung. Hinzu kommt, dass man sich einen „Nichtzustand“ nicht bildhaft vorstellen kann. Der Vorsatz *„Heute Abend werde ich nicht* *fernsehen"*, ist als Zustand nicht vorstellbar. Stattdessen lässt dieser Satz vor unserem geistigen Auge unweigerlich das Bild eines Fernsehers entstehen – also das, was wir eigentlich gedanklich streichen wollten. Hingegen können wir uns das Ziel *„Heute Abend werde ich einen Waldspaziergang machen"*, sehr plastisch vorstellen.

### Ziele kontrollierbar formulieren

*Ziele nach Möglichkeit messbar formulieren*

Ein Ziel sollte so konkret wie möglich – möglichst sogar messbar – formuliert sein, damit später kontrolliert werden kann, inwieweit es tatsächlich erreicht wurde. Nur dann kann die Führungskraft das erzielte Ergebnis verantworten.

*„Sehen Sie zu, dass Sie dafür nicht unnötig viel Geld ausgeben"*, ist zwar mehr als ein Wunsch, zeigt allerdings lediglich eine Zielrichtung an. Es ist somit kein absolutes, sondern ein so genanntes Relativziel. Es ist nicht messbar und lässt daher offen, wie gut es erreicht wurde. Anders die Vorgabe: *„Ich möchte, dass Sie das Budget des Vorjahres auf keinen Fall überschreiten"*.

Messbare Ziele ermöglichen es den Mitarbeitern, den Grad ihrer Zielerreichung selbst zu beurteilen und ihre Arbeitsergebnisse als motivierende Erfolge zu erleben. Außerdem verhindern messbare Zieldaten unterschiedliche Bewertungen der Arbeitsergebnisse und beugen damit demotivierenden Diskussionen vor.

## Tipp 13 Führen Sie mit Zielvereinbarungen

*Führen durch Zielvorgabe*

Eines der am häufigsten praktizierten Führungskonzepte der vergangenen Jahrzehnte ist das so genannte „Management by Objectives (MbO)", auf Deutsch: „Führen durch Zielvorgabe". Es wurde Mitte des vorigen Jahrhunderts entwickelt und beruht auf dem Grundgedanken, den Mitarbeitern nur die Arbeitsziele vorzugeben und es ihnen weitestgehend freizustellen, auf welchen Wegen sie diese erreichen.

*Dem Bedürfnis nach Selbstständigkeit und Gestaltungsspielraum entgegenkommen*

Diese Art des Führens entspricht einem demokratischen Führungsverständnis. Sie hat eine motivierende, das Verantwortungsbewusstsein fördernde Wirkung, da sie dem Bedürfnis nach Selbstständigkeit und Gestaltungsspielraum entgegenkommt. Allerdings schließt dieses Führungsprinzip das Risiko ein, dass die Mitarbeiter zur Zielerreichung nicht immer den im Interesse des Gesamtunternehmens günstigsten Weg wählen (Personal- und Materialaufwand, Einhaltung von Sicherheitsvorschriften usw.).

*Führen durch Zielvereinbarungen bezieht die Mitarbeiter bereits in die Zielfindung mit ein*

Während das ursprüngliche MbO auf dem Gedanken der Zielsetzung im Sinn einseitiger Vorgaben seitens der Vorgesetzten basierte, stellt das Konzept des „Führens durch Zielvereinbarung“ eine Weiterentwicklung dar. Hier liegt der Schwerpunkt auf dem Vereinbaren im partnerschaftlichen Sinn. Das heißt, der Mitarbeiter wird bereits an der Zielfindung und Zielformulierung beteiligt und kann somit seine Kenntnisse, Ideen und Bedenken bereits in diesem Stadium einbringen.

Infolge des Abbaus von Hierarchieebenen (z. B. Lean Management) hat die Grundidee des Führens durch Zielformulierungen in den letzten Jahren wieder erheblich an Bedeutung gewonnen.

*Gemeinsam vereinbarte Ziele vermitteln das Gefühl der Partnerschaft. Sie machen die Mitarbeiter zu Beteiligten, was letztlich das gesamte Arbeitsklima positiv beeinflusst.*

*Die Identifikation mit der Arbeit und dem Unternehmen als Ganzes wird gefördert*

- Das verantwortliche Mitwirken an der Zielformulierung und die Beachtung der eigenen Meinung fördert das Verantwortungsbewusstsein der Mitarbeiter sowie deren Identifikation mit ihrer Arbeit und dem Unternehmen als Ganzes. Zielvereinbarungen schaffen den Mitarbeitern Gestaltungsspielräume und können somit die Qualität ihrer Arbeit erhöhen, was wiederum zu ihrer Motivation (**▸▸ Tipp 16 bis 36**) beiträgt.
- Die gedankliche Auseinandersetzung mit den Zielen fördert die Zukunftsorientierung und lenkt den Blick nach vorne.

*Mitarbeiter sind über die Gründe und Hintergründe der Arbeitsaufgabe informiert*

- Die gemeinsamen Gespräche im Rahmen der Zielüberlegungen führen automatisch dazu, dass die Mitarbeiter über die Gründe und Hintergründe sowie die Rahmenbedingungen der Arbeitsaufgabe bestens informiert sind. Dieser Informationsstand wird ihnen später helfen, bei auftretenden Problemen selbstständig und zielgerecht zu improvisieren.

*Mitarbeiter machen die Unternehmensziele zu ihren eigenen Zielen*

- Haben Mitarbeiter die Ziele auf Grund ihrer Mitwirkung akzeptiert und diese zu ihren eigenen gemacht, werden sie sich auch nach besten Kräften bemühen, sie zu erreichen und sich damit selbst zu bestätigen.
- Das Erreichen gemeinsam erarbeiteter Ziele wird von den Mitarbeitern weit stärker als persönlicher Erfolg empfunden, als wenn ihnen alles vorgegeben war.
- Im Rahmen der Zielvereinbarungsgespräche haben die Mitarbeiter Gelegenheit, Rückmeldungen hinsichtlich betrieblicher oder persönlicher Probleme zu geben, bis hin zum Verhalten des Vorgesetzten selbst.

## Tipp 14 Unterscheiden Sie Sach- und Entwicklungsziele

Zielvereinbarungen können sich auf zwei verschiedene Zielarten beziehen:

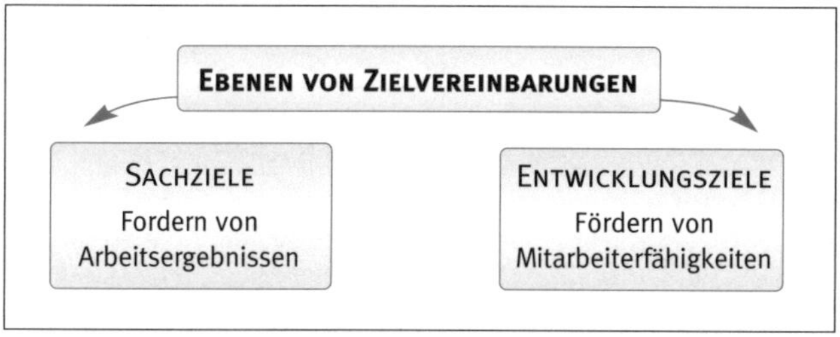


*Abb. III/2: Zielvereinbarungen können sowohl Sach- als auch Entwicklungsziele betreffen*

*Planung der Arbeitsaufgaben*

Beim Vereinbaren von Sachzielen geht es im Zielvereinbarungsgespräch darum, welche Arbeiten ein Mitarbeiter bis wann und auf welche Weise erledigen soll. Derartige Vereinbarungen können sich sowohl auf langfristige Arbeitsziele als auch kurzfristige Einzelvorgänge beziehen.

*Mitarbeiterentwicklung*

Beim Vereinbaren von Entwicklungszielen geht es darum, mit dem Mitarbeiter über die notwendige Weiterentwicklung seiner Fähigkeiten bzw. den Erwerb neuer Qualifikationen zu sprechen und die ggf. dazu erforderlichen Maßnahmen zu vereinbaren. Oder es geht um die eigenen Wunschvorstellungen des Mitarbeiters hinsichtlich seiner weiteren beruflichen Laufbahn.

Handelt es sich bei einer Zielvereinbarung ausschließlich um derartige Fragen, wird das entsprechende Gespräch auch als „Fördergespräch“ (▸▸ **TIPP 88, 89**) bezeichnet.

Häufig kommt es zu einer Kombination beider Zielarten. Zum Beispiel kann es sich bei den Vereinbarungen zu einem neuartigen Arbeitsauftrag herausstellen, dass der Mitarbeiter für die Bewältigung dieser Aufgabe zunächst eine Fortbildung benötigt. Oder der Mitarbeiter äußert im Rahmen eines Fördergesprächs den Wunsch, auch einmal andere Arbeiten übertragen zu bekommen.

## Tipp 15 Dokumentieren Sie Zielvereinbarungen verbindlich

*Komplexe oder wichtige Zielvereinbarungen schriftlich festhalten*

Je folgenschwerer oder komplexer eine Zielvereinbarung ist, desto wichtiger ist es, sie schriftlich festzuhalten. Dies hilft beiden Seiten, die vereinbarten Maßnahmen für alle Beteiligten verbindlich zu machen, sie nicht aus den Augen zu verlieren und Missverständnissen vorzubeugen.

Allerdings sollte die Schriftform beim Mitarbeiter nicht den Eindruck erwecken, es gehe um eine „verhandlungsschriftliche Vernehmung“ oder es soll auf ihn besonderer Druck ausgeübt werden.

*MACHEN SIE IHREM MITARBEITER VERSTÄNDLICH, INWIEFERN DIE DOKUMENTATION FÜR DIE BEWÄLTIGUNG DER SACHAUFGABE ALS SOLCHE NÜTZLICH IST, ABER AUCH IHN SELBST IM RAHMEN DER AUFGABENERFÜLLUNG UNTERSTÜTZEN KANN.*

*Ein standardisiertes Formblatt kann dem Eindruck des persönlichen Misstrauens vorbeugen*

Ein standardisiertes Formblatt kann dabei dem Eindruck des persönlichen Misstrauens vorbeugen. Darüber hinaus erleichtert es die Arbeit, hält zu einer folgerichtigen Vorgehensweise an und verhindert, dass wichtige Punkte übersehen werden.

In vielen Unternehmen sind heutzutage bereits bestimmte Formblätter für Zielvereinbarungen vorgegeben. Wo das nicht der Fall ist, sollte man sich zumindest für den eigenen Führungsbereich eine einheitliche Schriftform schaffen. Das nachstehende Muster zeigt beispielhaft, wie ein derartiges Formular gestaltet sein kann.

## Zielvereinbarung

zwischen (Führungskraft): .............. Gesamtziel/Vorhaben: ............
und (Mitarbeiter/in): .............. Datum: ............

| Zielelemente | Vereinbarungen | Bemerkungen |
|---|---|---|
| **Zielgrößen**<br>Was soll nach Möglichkeit erreicht werden?<br>Was muss mindestens erreicht werden? | | |
| **Bewertungsgrößen**<br>Wie viel soll erreicht werden?<br>Wie gut bzw. genau sollen die Ergebnisse sein? | | |
| **Teilziele**<br>In welchen Schritten soll das Gesamtziel erreicht werden? | | |
| **Termine**<br>Bis wann sollen bzw. müssen die Ergebnisse vorliegen? | | |
| **Voraussetzungen**<br>Welche Ressourcen sollen eingesetzt werden und sind bereitzustellen?<br>Welche flankierenden Maßnahmen sind notwendig?<br>Wer ist zu beteiligen? | | |
| **Kontrolle**<br>Wer kontrolliert was, wie und wann? | | |

Unterschrift Mitarbeiter/in: ......................

Unterschrift Führungskraft: ......................

# IV Mitarbeiter zu Leistungen motivieren

## Grundlagen

*Leistungsmotivation ist die zentrale Aufgabe eines jeden Vorgesetzten*

Mitarbeiter zu bestmöglichen Leistungen sowie einem erfolgs- und gruppendienlichen Verhalten zu veranlassen, ist die zentrale Aufgabe eines jeden Vorgesetzten. Schließlich sind die Leistungsbereitschaft und die Loyalität der Mitarbeiter die entscheidenden Voraussetzungen für den wirtschaftlichen Erfolg des Unternehmens. Aber auch für den persönlichen Erfolg der Führungskraft sind die von den Mitarbeitern erzielten Arbeitsergebnisse entscheidend. So wichtig die Mitarbeitermotivierung ist, war sie noch nie eine leichte Aufgabe. Während der letzten Jahrzehnte ist sie jedoch eher noch schwieriger geworden.

*Eine Fülle von Variablen und Einflussfaktoren ist zu berücksichtigen*

In dem Bemühen, Mitarbeiter zu motivieren, übt man in besonderem Maß Einfluss auf ihre Psyche aus. Zwangsläufig werden ihre Selbstwertgefühle, Wertvorstellungen, Bedürfnisse, Befindlichkeiten und vieles mehr berührt. Um motivieren zu können, muss man aber auch die Kenntnisse und Fähigkeiten der Betreffenden, ihre Stellung im Kollegenkreis und ihre private Situation berücksichtigen sowie die aktuelle Unternehmens- und Wirtschaftslage in Rechnung stellen.

Um trotz dieser vielgestaltigen Einflussgrößen motivierend führen zu können, ist viel menschliches Einfühlungsvermögen, sind aber auch gute Kenntnisse der grundlegenden psychologischen Zusammenhänge erforderlich. Die Motivationspsychologie bietet hierzu eine Reihe wertvoller Theorien und Hinweise, deren wichtigste im Folgenden erläutert werden.

> *Eine betriebswirtschaftlich optimale Unternehmenskonzeption und -organisation sind zwar wichtig, aber ohne engagierte Mitarbeiter werden die sich dadurch bietenden Möglichkeiten nicht ausgeschöpft.*

## Tipp 16 Motivation dient immer der Bedürfnisbefriedigung

Sämtliche Theorien der Motivationspsychologie basieren letztlich auf folgender These:

*MOTIVATION BERUHT STETS AUF DEM WUNSCH NACH BEFRIEDIGUNG VON BEDÜRFNISSEN.*

*Menschliches Handeln findet letztlich immer im Kontext einer Bedürfnisbefriedigung statt*

Mit anderen Worten: Kein (geistig gesunder) Mensch tut etwas, ohne eine Chance zu sehen, dadurch ein persönliches Bedürfnis zu befriedigen (▶**TIPP 22**). Ein zugegebenermaßen extremes, aber dafür um so schlagkräftigeres Beispiel mag das verdeutlichen:

*Selbst Strafgefangene, die unter Zwang in einem Steinbruch bei glühender Sonne, schlechter Ernährung und unter erheblichen Unfallgefahren arbeiten, tun dies letztlich zur Befriedigung persönlicher Bedürfnisse. Würden sie die Arbeit verweigern, drohte ihnen harte Bestrafung. Sie müssten mit Kürzung ihrer Essenration, Schlägen oder schlimmstenfalls sogar dem Tod rechnen. Das Bedürfnis, das sie durch die Arbeit zu befriedigen suchen, ist in diesem Fall also das fundamentale Bedürfnis des Menschen nach körperlichem Wohlbefinden und Unversehrtheit.*

*Sich über die Motive und Bedürnisse seiner Mitarbeiter informieren*

Selbstverständlich beruht auch das Ausüben einer Berufstätigkeit auf Bedürfnissen – dies gilt selbst für ungeliebte und ausgesprochen belastende Arbeiten, bei denen nicht immer auf den ersten Blick erkennbar ist, welches Bedürfnis damit befriedigt wird. Wer also motivieren möchte, tut gut daran, diesen „Wirkmechanismus" der Motivation zu berücksichtigen und sich über die Motive und Bedürfnisse (▶**TIPP 22**) seiner Mitarbeiter zu informieren, um entsprechende Anreize (▶ **TIPP 23**) setzen zu können.

## Tipp 17 Primärmotivation wirkt intensiv und nachhaltig

Es gibt zwei grundsätzlich unterschiedliche Motivationslagen: Primär- und Sekundärmotivation. Ihre Unterscheidung ist für die Mitarbeiterführung bedeutsam.

### Primärmotivation (auch „intrinsische" genannt)

*Um der Sache selber willen und aus eigenem Antrieb aktiv werden*

Diese Motivationslage ist gegeben, wenn jemand um der Sache selber willen und aus eigenem Antrieb aktiv wird – seine Aktion also Selbstzweck ist.

*BEISPIEL: Freiwilliger Besuch einer Lehrveranstaltung aus Interesse an den Lehrinhalten.*

*EIN PRIMÄR MOTIVIERTER MITARBEITER IST BEI SEINER ARBEIT OPTIMAL ENGAGIERT UND MAXIMAL ZUFRIEDEN.*

Die Arbeitsaufgabe selber fordert ihn heraus und er empfindet schon alleine die Aufgabenerfüllung als befriedigenden Erfolg. Er hat Freude an seiner Arbeit.

### Sekundärmotivation (auch „extrinsische" genannt)

*Das aktuelle Aktionsziel ist nur Mittel zum Zweck*

Sie ist hingegen dann gegeben, wenn jemand etwas unternimmt, um über sein aktuelles Handlungsziel ein anderes, für ihn wichtigeres Ziel zu erreichen oder weil er von jemand anderem dazu veranlasst wurde. Das aktuelle Aktionsziel ist also nur Mittel zum Zweck.

*BEISPIEL: Besuch einer Lehrveranstaltung, um ganz allgemein die persönlichen Karrierechancen zu verbessern oder auf Anordnung des Arbeitgebers.*

*IM ZUSTAND DER SEKUNDÄRMOTIVATION IST DER ENERGIEEINSATZ DES BETREFFENDEN MITARBEITERS AUF EINEN AUSSERHALB DER EIGENTLICHEN ARBEITSAUFGABE LIEGENDEN ZWECK AUSGERICHTET.*

Sein Engagement am Arbeitsplatz wird demzufolge weniger intensiv und nur von begrenzter Dauer sein. Er hat keine Veranlassung fleißiger zu arbeiten als unbedingt nötig und länger als bis zur Befriedigung seines vorrangigen Bedürfnisses, er also z. B. seinen Lohn erhalten hat.

Vorrangiges Ziel motivierender Führungsmaßnahmen sollte daher die Primärmotivation sein. Denn:

*PRIMÄRMOTIVATION FÜHRT ZU EINER IDEALEN VERKNÜPFUNG VON ARBEITSZUFRIEDENHEIT UND LEISTUNGSBEREITSCHAFT. SIE NÜTZT SOMIT SOWOHL DEM MITARBEITER SELBST ALS AUCH DEM UNTERNEHMEN.*

Dennoch kann auf begleitende Maßnahmen der Sekundärmotivation (Lohn, Prämien oder andere materielle Anreize) in aller Regel nicht verzichtet werden (▸▸ TIPP 25 BIS 28). Zumal es viele Arbeitsbereiche und Tätigkeitsarten gibt, die sehr wenig Möglichkeiten zur Primärmotivation bieten.

*Auf begleitende Maßnahmen der Sekundärmotivation kann nicht verzichtet werden*

## Tipp 18 Leistungs- oder Verhaltensprobleme sind nicht immer Motivationsprobleme

Erbringt ein Mitarbeiter nicht die von ihm verlangten Arbeitsergebnisse oder verhält er sich nicht vorgabengerecht (z. B. gegenüber Kunden), ist die Führungskraft gefordert, diesem Fehlverhalten entgegenzusteuern.

Die möglichen Ursachen derartiger Leistungs- oder Verhaltensprobleme lassen sich vier verschiedenen Kategorien zuordnen:

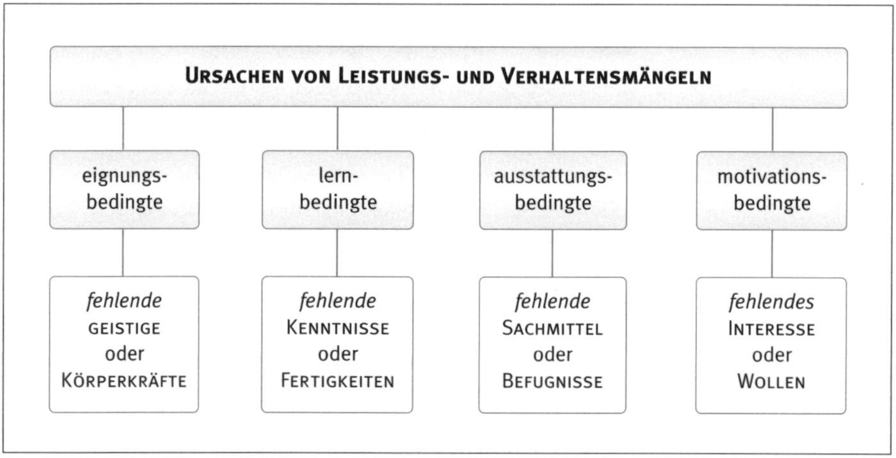


*Abb. IV/1: Unterschiedliche Ursachen von Leistungs- oder Verhaltensmängeln*

Die Darstellung macht deutlich, dass Leistungs- oder Verhaltensmängel durchaus nicht immer auf fehlende Motivation zurückzuführen sind.

Möglicherweise hatte sich der Mitarbeiter nach besten Kräften und mit dem Einsatz aller ihm verfügbaren Mittel bemüht, konnte aber wegen unzureichender persönlicher Voraussetzungen das Arbeitsziel dennoch nicht erreichen. Werden ihm dann trotzdem Vorwürfe gemacht, wird er sich

*Zunächst die zugrunde liegenden individuellen oder situationsbedingten Ursachen ermitteln*

verständlicherweise ungerecht behandelt fühlen und sich künftig in ähnlichen Situationen von vornherein nicht sonderlich bemühen.

*KRITISIERT ODER BESTRAFT MAN EINEN ÜBERFORDERTEN MITARBEITER VORSCHNELL, SCHAFFT MAN SICH ZUSÄTZLICH ZUM AUSLÖSENDEN ARBEITSPROBLEM NOCH EIN ECHTES MOTIVATIONSPROBLEM.*

*Einen demotivierten Mitarbeiter wieder aufzubauen, ist ein mühevoller Prozess*

Eignungs-, lern- oder ausstattungsbedingte Problemursachen lassen sich – rechtzeitig erkannt – im Allgemeinen durch organisatorische Maßnahmen relativ leicht beseitigen. Einen demotivierten Mitarbeiter wieder aufzubauen, ist hingegen ein langwieriger, mühevoller Prozess ohne Erfolgsgarantie!

## Tipp 19 Wählen Sie den wirksamsten Weg zur Leistungssteigerung

*Das Leistungsverhalten von Mitarbeitern ist nicht alleine eine Frage der Motivation*

Das Leistungsverhalten von Mitarbeitern ist nicht alleine eine Frage der Motivation, sondern es spielen auch die materiellen und vor allem persönlichen Möglichkeiten eine Rolle. Trotz hoher Motivation wird ein Mitarbeiter mit geringen Fähigkeiten (Kenntnisse und Fertigkeiten) auf dem betreffenden Arbeitsgebiet keine Höchstleistungen erbringen können. Andererseits wird ein sehr fähiger, aber schwach motivierter Mitarbeiter ebenfalls nur ein begrenztes Leistungsniveau erreichen.

*LEISTUNGSERGEBNISSE SIND ALSO EINE FUNKTION VON FÄHIGKEITEN UND MOTIVATION .*

| | | | | |
|---|---|---|---|---|
| Leistungsfähigkeit | x | Arbeitsmotivation | = | **ARBEITSLEISTUNG** |

*Abb. IV/2: Leistung ist das Produkt aus Fähigkeit und Motivation*

Gleich hohe Arbeitsleistungen können demzufolge auf unterschiedlichen Faktoren und Gegebenheiten beruhen.

*Zwei Möglichkeiten, die Leistungen seiner Mitarbeiter zu steigern*

Will man die Leistungen seiner Mitarbeiter steigern, so empfehlen sich daher je nach Sachlage zwei grundsätzlich unterschiedliche Wege:

*Hohe Leistungsfähigkeit – geringe Motivation: Steigerung der Arbeitszufriedenheit*

- Bei hoher Leistungsfähigkeit, aber geringer Motivation sind dem Mitarbeiter in erster Linie gezielte Anreize zur Befriedigung seiner persönlichen Bedürfnisse und Steigerung seiner Arbeitszufriedenheit zu bieten.
- Bei hoher Motivation des Mitarbeiters, aber geringer Leistungsfähigkeit sind vorrangig gezielte Fortbildungsmaßnahmen zur Erweiterung seines Fachwissens bzw. Beseitigung von Kenntnisdefiziten wirksam oder Übungsmöglichkeiten zur Verbesserung seiner Fertigkeiten.

*Hohe Motivation – geringe Leistungsfähigkeit: Fort- und Weiterbildungsmaßnahmen*

## Tipp 20 Entsprechen Sie im Rahmen der Motivierungslogik dem individuellen Bedarf Ihres Mitarbeiters

Aus der Tatsache, dass Motivation stets auf dem Wunsch nach Befriedigung von Bedürfnissen beruht (▸ **TIPP 16**), lässt sich eine bestimmte „Motivierungslogik" ableiten, die nachstehend in Form einer Gleichung dargestellt wird, die den Prozess der Motivation in seinen Grundzügen veranschaulichen kann:

*„Motivierungsgleichung"*

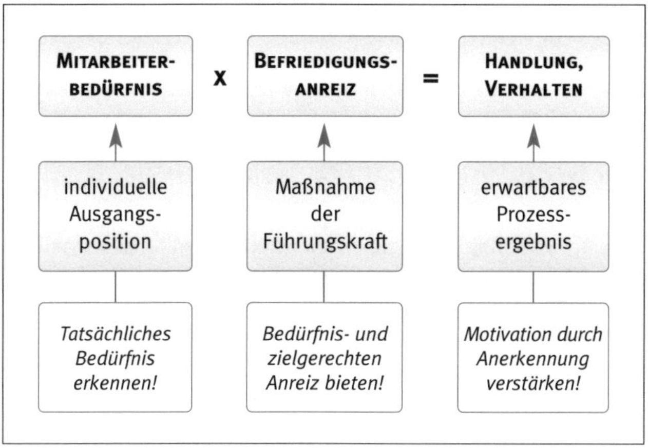


*Abb. IV/3: Motivation folgt einer bestimmten Logik*

Es müssen demnach zwei fundamentale Voraussetzungen gegeben sein, um einen Mitarbeiter zur Erledigung einer Arbeitsaufgabe veranlassen bzw. motivieren zu können:

*Zwei fundamentale Voraussetzungen*

- ein unbefriedigtes Mitarbeiterbedürfnis und

- eine sich bietende Chance, dieses Bedürfnis im Zusammenhang mit der Arbeitserledigung zu befriedigen.

Diesen beiden Ausgangsbedingungen muss die Führungskraft hinreichend Rechnung tragen, damit die Gleichung aufgeht.

*Im Prinzip folgt das Motivieren von Mitarbeitern einer simplen Logik. Wird sie jedoch nicht beachtet, bleiben Motivierungseffekte eine reine Glückssache.*

## Tipp 21 Stellen Sie einen möglichst konkreten Bedürfnisbezug her

*Ein tatsächlich vorhandenes Mitarbeiterbedürfnis treffen*

Eine motivierend gemeinte Führungsmaßnahme kann nur dann erfolgreich sein, wenn sie auf ein tatsächlich vorhandenes, zumindest nicht völlig befriedigtes Mitarbeiterbedürfnis ausgerichtet ist.

*Beispielsweise kann es sein, dass sich ein Mitarbeiter über einen als Belohnung gedachten vorgezogenen Feierabend nicht sonderlich freut, da er wegen einer später liegenden festen Verabredung mit der gewonnen Zeit nichts Sinnvolles anfangen kann.*

*Noch so gut gemeinte und in der Regel auch wirksame Motivierungsbemühungen gehen ins Leere, wenn sie nicht auf ein aktuelles und individuelles Bedürfnis des Mitarbeiters treffen.*

*Der Wurm am Haken muss dem Fisch schmecken, nicht dem Angler!*

So wäre es völlig abwegig zu glauben, ein Mitarbeiter würde eine Arbeit schon alleine deswegen verrichten, weil dies dem Bedürfnis seines Vorgesetzten entspricht. Denken Sie stets daran: Der Wurm am Haken muss dem Fisch schmecken, nicht dem Angler!

Obwohl die Logik des Motivierungsprozesses (▸ **Tipp 20**) leicht nachzuvollziehen ist, ist deren Umsetzung in die Praxis nicht immer einfach. So sieht sich die Führungskraft zunächst einmal mit dem Problem konfrontiert, die aktuellen Mitarbeiterbedürfnisse zu erkennen.

*Die besten Chancen, die wahren Mitarbeiterbedürfnisse zu erkennen, bieten sich im Gespräch.*

Man sollte als Führungskraft daher keine Gelegenheit zum direkten Gespräch mit den Mitarbeitern auslassen. Das können schon ein paar Worte bei der morgendlichen Begrüßung, kann aber auch ein ausführliches Mitarbeitergespräch anlässlich einer Beurteilung oder eines zu kritisierenden Vorfalls (▸▸ **Tipp 85 bis 91**) sein.

*Keine Gelegenheit zum direkten Gespräch mit den Mitarbeitern auslassen*

So gesehen ist selbst eine Arbeitsbesprechung, die in der Sache ergebnislos war, keine völlig vergeudete Zeit. Auch jedes noch so sachbezogene Gespräch ist von Emotionen begleitet, die auf persönliche Wünsche, Enttäuschungen oder Befürchtungen der Beteiligten hinweisen. Diese Signale wahrzunehmen ist wichtig, setzt jedoch Interesse an der Situation des Mitarbeiters sowie Sensibilität für seine Gefühlsäußerungen voraus.

*Sich für individuelle Signale der Mitarbeiter sensibilisieren*

Schließlich gibt es immer auch das Mittel der direkten Frage. Statt hinsichtlich der Wirkung einer beabsichtigten Motivierungsmaßnahme von Mutmaßungen auszugehen, ist es Erfolg versprechender, den betreffenden Mitarbeiter wegen seiner Wünsche zuvor direkt anzusprechen. Warum ihn nicht selber fragen, ob ihm als Belohnung für eine geleistete Mehrarbeit eine Geldprämie oder Freizeitgewährung lieber wäre?

*Mitarbeiter direkt fragen*

Es gibt jedoch Konstellationen, bei denen sich dem Vorgesetzten auch bei besten Vorsätzen keine ausreichenden Gesprächskontakte ergeben haben – beispielsweise bei einer neu übernommenen Mitarbeitergruppe oder beim Führen von Mitarbeitern, die im Außendienst oder in Wechselschichten arbeiten. In solchen Situationen kann der Rückgriff auf bestimmte Erkenntnisse der Motivationsforschung (▸▸ **Tipp 22 bis 36**) zumindest statistische Aussagen liefern, die die Erfolgswahrscheinlichkeit der Motivierungsbemühungen erhöhen können.

*Erkenntnisse der Motivationsforschung nutzen*

## Tipp 22 Ziehen Sie Schlüsse aus der Bedürfnishierarchie

Zu den maßgebendsten wissenschaftlichen Erkenntnissen über die menschlichen Bedürfnisse und ihr Entstehen gehören vor allem die Forschungsergebnisse des amerikanischen Psychologen Abraham H. Maslow. Maslow hat die vielfältigen Bedürfnisse fünf Kategorien zugeordnet und diese in eine Rangordnung gebracht.

*Bedürfnispyramide von Maslow*

Am anschaulichsten ist die Darstellung dieser Bedürfnishierarchie als Pyramide:

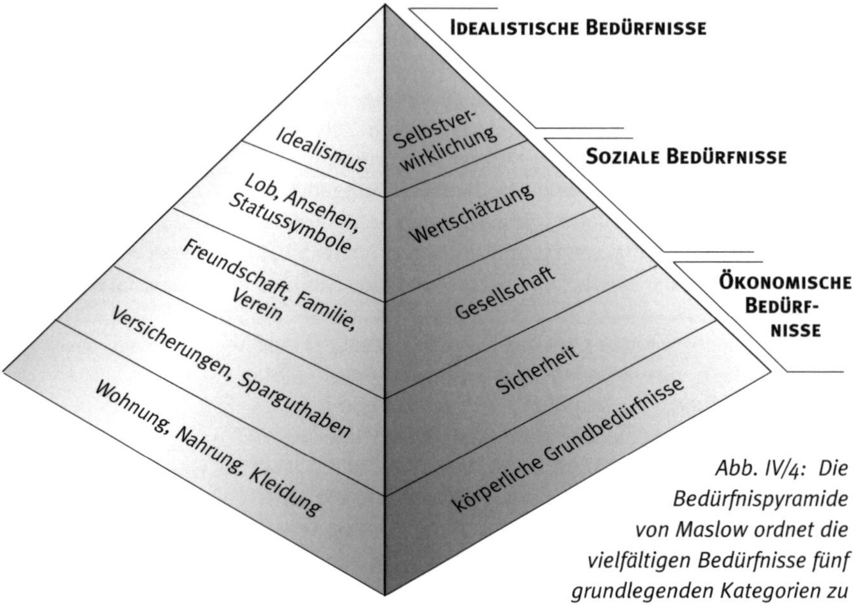


*Abb. IV/4: Die Bedürfnispyramide von Maslow ordnet die vielfältigen Bedürfnisse fünf grundlegenden Kategorien zu*

*Die Bedürfnisse stehen in einem bestimmten Abhängigkeitsverhältnis zueinander*

Auf Grund seiner Untersuchungen kam Maslow zu der Einsicht, dass die verschiedenen Bedürfnisse in einem bestimmten Abhängigkeitsverhältnis zueinander stehen. Seine Erkenntnis:

> *JE MEHR DIE BEDÜRFNISSE EINER HIERARCHIESTUFE BEFRIEDIGT SIND, DESTO STÄRKER WERDEN DIE DER JEWEILS NÄCHSTHÖHEREN VERHALTENSBESTIMMEND.*

*Die Bedürfnisse der unteren Bedürfnisebenen sind grundsätzlich die stärkeren*

Umgekehrt bedeutet das, dass Menschen, die Bedürfnissen der unteren Bedürfnisebenen nicht nachkommen können, keine Energien darauf verwenden, Bedürfnisse der höheren Ebenen zu stillen. Die Bedürfnisse der unteren Pyramidenstufen sind also grundsätzlich die stärkeren. Bleiben sie unbefriedigt, verdrängen sie diejenigen einer höherer Kategorie aus ihrer verhaltensdominierenden Position.

## Ziehen Sie Schlüsse aus der Bedürfnishierarchie

In Abhängigkeit von ihrer jeweiligen Lebenssituation entwickeln Menschen (und im Rahmen ihrer Entwicklungsgeschichte auch Kulturen und Gesellschaften) unterschiedliche Bedürfnisse, die sich unterschiedlich stark auf ihr Verhalten auswirken.

*Die Bedürfnisse variieren je nach Lebenssituation*

### Kategorie „Körperliche Grundbedürfnisse"

Die Bedürfnisse dieser Kategorie werden auch als die „existenziellen" bezeichnet, da deren Befriedigung größtenteils unverzichtbar ist. Ist es beispielsweise nicht möglich, den Bedürfnissen nach Nahrung, Wärme oder Schutz vor Gesundheitsschäden nachzukommen, führt das letztlich zum Tod. Demzufolge haben diese Bedürfnisse einen besonders starken Einfluss auf unser Verhalten und gewinnen schnell die Oberhand gegenüber denen der höheren Hierarchiestufen. Wobei der Begriff „körperlich" nicht im absoluten Sinn des Wortes zu verstehen ist, denn auch die seelische Befindlichkeit kann sich körperlich auswirken.

*Unverzichtbare, existenzielle Bedürfnisse*

### Kategorie „Sicherheit"

Sind die körperlichen Bedürfnisse weitgehend befriedigt, strebt der Mensch danach, dies auch für die Zukunft abzusichern. Er überlegt, ob die für ihn lebensnotwendigen Bedingungen auch in Zukunft gewährleistet sind und ergreift notfalls vorsorgende Maßnahmen. In früheren Zeiten legten die Menschen Vorräte an, heutzutage sind es vor allem finanzielle Maßnahmen, wie das Ansparen von Sparguthaben, das Abschließen von Versicherungen oder der Erwerb von Immobilien.

*Zukunftssicherung*

### Kategorie „Gesellschaft"

Sind unmittelbares Wohlbefinden und langfristiges Überleben abgesichert, gewinnen zwischenmenschliche Bedürfnisse an Bedeutung. Der Mensch möchte sein Leben nicht nur alleine genießen, sondern es mit anderen teilen und sich mit ihnen austauschen. Vielleicht rührt dieses Bedürfnis auch aus der Entwicklungsgeschichte des Menschen als Herdentier her.

*Zwischenmenschliche Bedürfnisse*

### Kategorie „Wertschätzung"

Fühlt sich der Mensch hinreichend in eine Gesellschaft eingebunden, dann strebt er danach, von den anderen anerkannt zu

*Streben nach Status und Anerkennung*

werden und als wertvolles Mitglied der Gruppe zu gelten. Dieser Bedürfniskategorie sind Statussymbole wie Titel, Ehrenurkunden oder Position im Unternehmen zuzurechnen. Ebenso zählen hierzu die vielen äußerlichen Statussymbole (teure Autos, modische Kleidung, kostbare Markenuhren usw.).

Dass diesen äußerlichen Symbolen heute eine so hohe Bedeutung zugemessen wird, ist ein typisches Beispiel für eine Wohlstandsgesellschaft, in der die Bedürfnisse der unteren Hierarchieebenen weitgehend abgedeckt sind. Trotz hoher Arbeitslosigkeit garantiert der Sozialstaat nahezu jedem in unserem Land einen vergleichsweise immer noch hohen Lebensstandard.

Kategorie „Selbstverwirklichung"

*Letztlich strebt jeder Mensch nach Selbstverwirklichung*

Hat der Mensch genügend Wertschätzung durch andere erfahren, sucht er Befriedigung in seinem eigenen Schaffen. Er will stolz sein können auf seine eigenen Leistungen, ohne dabei von der Beurteilung und Meinung anderer abhängig zu sein. Hier sind vor allem künstlerische, kreative, soziale, politische und letztlich auch berufliche Aktivitäten zu nennen.

**Die Dynamik der Bedürfnisse**

*Die Übergänge zwischen den jeweiligen Bedürfniskategorien sind fließend*

Die Übergänge zwischen den jeweiligen Bedürfniskategorien sind fließend. So ist besonders zwischen dem Bedürfnis nach Wertschätzung und dem nach Selbstverwirklichung nur schwer eine Grenze zu ziehen. Man sagt auch, dass das Bedürfnis nach Anerkennung nie vollends zu sättigen ist.

Auch richten Menschen – außer in Extremsituationen – niemals ihr gesamtes Bemühen auf die Bedürfnisse einer momentanen aktuellen Kategorie. Selbstverständlich will ein Mensch, der auf Grund seiner Lebenssituation alles daransetzt Wertschätzung zu erlangen, nach wie vor seine wirtschaftliche Existenz abgesichert wissen. Und würde er über Nacht sein Vermögen verlieren, würden schlagartig seine ökonomischen Bedürfnisse wieder handlungsbestimmend werden. Auch der sich selbst verwirklichende Künstler fällt auf die Ebene der körperlichen Bedürfnisse zurück, wenn er lange genug nichts gegessen hat.

Die Bedürfnispyramide hilft vor allem als langfristig verstandenes Modell geeignete Anreize für die Arbeitsmotivation auszuwählen.

## Ziehen Sie Schlüsse aus der Bedürfnishierarchie

*Für die Führungskraft ist es vor dem Hintergrund ihrer Motivationsbemühungen wichtig herauszufinden, welche Bedürfniskategorie für einen Mitarbeitr aktuell handlungsbestimmend ist.*

*Die Maslowschen Kategorien liefern Hinweise für geeignete Motivationsanreize*

Kann man einen Mitarbeiter in Kenntnis seiner Gesamtsituation mehr oder weniger eindeutig in eine der Maslowschen Kategorien einordnen, so liefert das Hinweise dafür, mit welchen Anreizen er am ehesten zu motivieren ist.

Dabei sind im Rahmen der Beurteilung der Situation eines Mitarbeiters insbesondere seine persönlichen Neigungen und Fähigkeiten sowie sein beruflicher Status und seine wirtschaftliche Absicherung zu berücksichtigen (siehe auch ▸**Tipp 21**).

So wäre beispielsweise der Versuch zum Scheitern veruteilt, einen Mitarbeiter, der seine Entlassung befürchten muss, durch eine öffentliche Auszeichnung vor den Kollegen kurzfristig zu motivieren. Da dieser Mitarbeiter sich in seiner Existenz bedroht sieht, wären arbeitsplatzsichernde Maßnahmen oder die Zusicherung einer großzügigen Abfindung ein besserer Motivationsfaktor. Einen langjährigen verdienten Mitarbeiter würde dagegen eine Statuserhöhung wahrscheinlich eher motivieren als eine Erhöhung seines ohnehin akzeptablen Gehalts (siehe auch ▸▸**Tipp 27, 28**).

*Beispiel für den Zusammenhang zwischen Bedürfniskategorien und Arbeitsmotivation*

Den unmittelbaren Zusammenhang zwischen Maslows Bedürfniskategorien und der Arbeitsmotivation soll abschließend folgendes Beispiel erläutern.

Stellen Sie sich vor, Sie gingen über eine der vielen Großbaustellen in Berlin und würden einige der dort Beschäftigten fragen, warum sie hier arbeiten.

Antwort des Ersten:

*„Ich arbeite hier, um mir etwas Essbares kaufen zu können."*

- Berufliche Stellung: Gelegenheitsarbeiter
- Vorrangiges Bedürfnis: Sicherung der Grundbedürfnisse

Antwort des Zweiten:

*„Ich arbeite hier, weil das ein sicherer Job ist."*

- Berufliche Stellung: Bauhilfsarbeiter
- Vorrangiges Bedürfnis: Sicherheit

ANTWORT DES DRITTEN:

*„Ich arbeite hier, weil ich in einer größeren Maurerkolonne arbeiten kann."*

- Berufliche Stellung: Facharbeiter
- Vorrangiges Bedürfnis: Soziale Kontakte

ANTWORT DES VIERTEN:

*„Ich arbeite hier, weil man mich als besten Maurer meiner Kolonne schätzt."*

- Berufliche Stellung: Vorarbeiter
- Vorrangiges Bedürfnis: Wertschätzung und Anerkennung

ANTWORT DES FÜNFTEN:

*„Ich arbeite hier, weil ich das neue Berlin mitgestalten möchte."*

- Berufliche Stellung: Bauleiter
- Vorrangiges Bedürfnis: Selbstverwirklichung

Das Beispiel veranschaulicht, wie unterschiedlich die Arbeitsmotivation von Beschäftigten desselben Arbeitsumfeldes ausfallen kann. Je nach ihrer Lebenssituation haben die Mitarbeiter unterschiedlich geartete Primärbedürfnisse (z. B. durch berufliche Qualifizierung) und erwachsen daraus jeweils unterschiedliche Motive zu arbeiten.

## Tipp 23 Bieten Sie je nach Situation geeignete Befriedigungsanreize

Hat man die vorrangigen Bedürfnisse eines Mitarbeiters erkannt (▸▸ **TIPP 19 BIS 22**), gilt es dazu passende Befriedigungsanreize zu finden (▸▸ **TIPP 32, 33**).

**Motivationsanreize müssen ...**

- auf die Mitarbeiterbedürfnisse abgestimmt sein,
- den Arbeitszielen dienen und
- mit vertretbarem Aufwand realisierbar sein.

NUR WENN DIESE DREI VORAUSSETZUNGEN ERFÜLLT SIND, KANN EINE MASSNAHME SOWOHL MITARBEITERZUFRIEDENHEIT SCHAFFEN ALS AUCH DEM UNTERNEHMENSERFOLG DIENEN.

Wirkliches Führungsgeschick erweist sich darin, das situative Umfeld, die aktuellen Mitarbeiterbedürfnisse sowie die Unternehmens- und Abteilungsziele in der Motivationsstruktur in Einklang zu bringen. Dazu sind Kreativität und Tatkraft gefragt. Manchmal liegt es durchaus im Interesse des Unternehmenserfolgs, auch den Mut aufzubringen, einengende und nicht erfolgsorientierte bürokratische Regeln zu vernachlässigen.

*ALS VORGESETZTER WIRKSAME ARBEITSANREIZE ZU SCHAFFEN, IST SOWOHL EINE FRAGE DES EINFALLSREICHTUMS ALS AUCH DER COURAGE, DIE HANDLUNGSSPIELRÄUME VOLL AUSZUSCHÖPFEN.*

## Tipp 24 Nur echte Arbeitszufriedenheit schafft Primärmotivation

Durch umfangreiche Befragungen hat der amerikanische Psychologe Frederik Herzberg im Rahmen seiner so genannten Zwei-Faktoren-Theorie herausgefunden, dass es zwei unterschiedliche Arten von Einflussfaktoren auf die Arbeitsmotivation gibt, aber nur die eine davon geeignet ist, echte Arbeitszufriedenheit und lange anhaltendes Mitarbeiterengagement zu schaffen.

Diese Art der Einflussfaktoren, die „Motivatoren“ oder auch „Anspornfaktoren“ genannt, sind Handlungsanreize, die in der Arbeit selbst begründet sind. Hierzu zählen:

*Handlungsanreize, die in der Arbeit selbst begründet sind*

**„Motivatoren“ oder „Anspornfaktoren“**

- interessante Arbeitsaufgaben
- selbstständiges Arbeiten
- Eigenverantwortung
- Entscheidungsbefugnis
- Leistungswettbewerb
- Erfolgserlebnisse
- Anerkennung guter Arbeitsergebnisse durch Vorgesetzte
- Aufstiegsmöglichkeiten

Motivatoren sorgen somit für Primärmotivation (▸ **TIPP 17**). Diese durch durch Freude an der Arbeit gekennzeichnete

Motivationslage nutzt sowohl dem Mitarbeiter als auch dem Unternehmen durch die daraus resultierende hohe Leistungsbereitschaft. Daher sollte es ein besonderes Anliegen der Führungskraft sein, Motivationsanreize zu bieten, die eine Primärmotivation schaffen.

*Motivatoren stärken das unmittelbare Interesse an der Arbeitsaufgabe und dienen somit der Primärmotivation.*

## Tipp 25 Schaffen Sie ein förderliches Arbeitsumfeld und beugen so Unzufriedenheit vor

*„Hygienefaktoren" oder „Stabilisatoren" verhindern grundlegende Arbeitsunzufriedenheit*

Neben den Motivatoren (▸ **Tipp 24**) hat Herzberg weitere Faktoren ausgemacht, die zwar keine echte Arbeitszufriedenheit schaffen können, aber Unzufriedenheit auslösen, wenn sie nicht in ausreichendem Maß gegeben oder nur unzureichend ausgestaltet sind. Er nannte diese Faktoren „Hygienefaktoren", im deutschsprachigen Raum hat sich dafür aber auch der Begriff „Stabilisatoren" eingebürgert.

Zu den Stabilisatoren zählen sämtliche Rahmenbedingungen eines Arbeitsprozesses. Hier sind beispielhaft zu nennen:

**„Hygienefaktoren" oder „Stabilisatoren"**

- gute Arbeitsplatzausstattung
- gerechte Entlohnung (▸▸ **Tipp 27, 28**)
- angemessene Sozialleistungen
- Sicherheit des Arbeitsplatzes
- befriedigende zwischenmenschliche Beziehungen
- attraktives Firmenimage

*Stabilisatoren dienen der Sekundärmotivation*

Sind dergestalt förderliche Arbeitsbedingungen hinreichend gegeben, herrscht keine grundlegende Unzufriedenheit. Wie schon der Name sagt, stabilisieren die Stabilisatoren das Arbeitsklima, schaffen alleine jedoch weder echte Arbeitsfreude noch langfristiges Mitarbeiterengagement. Sie bewirken lediglich Sekundärmotivation (▸ **Tipp 17**).

Dennoch dürfen auch sie nicht vernachlässigt werden. Andernfalls kommt unter den Mitarbeitern eine leistungshemmende Unzufriedenheit auf. Auch die besten Motivatoren (▸ **TIPP 24**) können auf Dauer nur dann auf höherem Niveau wirksam sein, wenn gleichzeitig die Stabilisatoren hinreichend gewährleistet sind (▸ **TIPP 26**).

*Unzufriedenheit mit dem Arbeitsumfeld kann leistungshemmend wirken*

*STABILISATOREN VERHINDERN UNZUFRIEDENHEIT UND DIENEN SOMIT DER SEKUNDÄRMOTIVATION.*

## Tipp 26 Schaffen Sie sowohl Motivatoren als auch Stabilisatoren

Als grundlegende Einflussfaktoren auf die Mitarbeitermotivation hat Frederik Herzberg sog. Motivatoren (▸ **TIPP 24**), die die Primärmotivation (▸ **TIPP 17**) fördern und sog. Stabilisatoren (▸ **TIPP 25**), die der Sekundärmotivation (▸ **TIPP 17**) dienen, ausgemacht.

*Zusammenhang zwischen den Motivationsfaktoren*

In Bezug auf den Zusammenhang zwischen diesen Motivationsfaktoren lassen sich folgende Schlussfolgerungen ziehen:

*Fehlende Stabilisatoren*

- Fehlende Stabilisatoren führen zu latenter Unzufriedenheit der Mitarbeiter und zum Unterschreiten der Normalleistung. Langfristig kommt es dazu selbst dann, wenn die Identifikation mit der eigentlichen Arbeitsaufgabe hoch ist; also Primärmotivation vorliegt.

*Fehlende Motivatoren*

- Fehlende Motivatoren haben zur Folge, dass die Arbeitshaltung im besten Fall neutral ist, die Mitarbeiter mit ihrer eigentlichen Arbeit nicht wirklich zufrieden sind und sie vielmehr als Mittel für andere Zwecke sehen.

  Diese Grundeinstellung herrscht selbst dann, wenn das Arbeitsumfeld stimmt; also optimale Stabilisatoren gegeben sind.

*Die Stabilisatoren des Arbeitsumfeldes kann die Führungskraft oft nur mittelbar beeinflussen*

Für die Führungskraft stellt sich damit folgendes Problem: Während sie die direkte Motivation für die eigentliche Arbeitsaufgabe im besten Fall selber gestalten kann, kann sie die Bedingungen des Arbeitsumfelds oft nur mittelbar oder gar nicht beeinflussen, da hier eine Fülle von systembedingten und organisatorischen Faktoren zum Tragen kommt, die ihren Kompetenzbereich überschreiten. Trotzdem muss sie für ein förderliches Arbeitsumfeld sorgen, wenn sie die Leistungen ihrer Mitarbeiter halten oder gar steigern will.

Sowohl Motivatoren als auch Stabilisatoren schaffen

*Erst wenn zufrieden stellende Stabilisatoren gegeben sind und geeignete Motivatoren hinzukommen, sind optimale Voraussetzungen für echte Arbeitszufriedenheit und nachhaltige Leistungssteigerungen gegeben.*

## Tipp 27 Überschätzen Sie Geld als Motivationsanreiz nicht

Meist wird die Wirksamkeit der Entlohnung auf die Arbeitsmotivation stark überschätzt. Kommt in Führungsseminaren die Diskussion auf das Thema „Mitarbeitermotivierung", so hört man vielfach Meinungen wie: *„Ich kann meine Mitarbeiter ohnehin nicht motivieren, da ich ja keinen Einfluss auf ihre Bezahlung habe."* Oder: *„Meine Mitarbeiter arbeiten sowieso nur des Geldes wegen."*

*„Handlungsfreiheit" sowie „interessante Arbeitsinhalte" sind vielen Befragten wichtiger als Geld*

Legt man allerdings den Seminarteilnehmern einen Fragebogen vor, in dem sie angeben sollen, was sie bei ihrer eigenen Arbeit am meisten motiviert, so landet bei einer Auflistung von 13 typischen Motivationsfaktoren der Faktor „Bezahlung" bei nahezu jeder Teilnehmergruppe im Mittelfeld. Und das unabhängig von Unternehmensart und Führungsebene! Ganz oben rangieren stets die Faktoren „Gestaltungsmöglichkeiten und Handlungsfreiheit" sowie „interessante Arbeitsinhalte", was die Aussagen der Motivationstheorien von Maslow (▸**Tipp 22**) und Herzberg (▸▸**Tipp 24 bis 26**) bestätigt. Diese bevorzugten Motivationsanreize bewirken Primärmotivation (▸**Tipp 17**), sprechen die höheren Kategorien der Maslowschen Bedürfnishierarchie an und zählen in Herzbergs Zwei-Faktoren-Theorie zu den Motivatoren (▸**Tipp 24**).

Konfrontiert man dann die Teilnehmer mit diesen Ergebnissen, argumentieren die Verfechter der Geldanreize damit, dass sie selber natürlich „höhere" Bedürfnisse haben als ihre nachgeordneten, „schlichter denkenden" (und angeblich auch fühlenden) Mitarbeiter. Hier sei dann allerdings der grundlegende Zweifel gestattet, ob eine solche, wenig zeitgemäße Denkungsart wirklich die geeignete Haltung ist, Mitarbeiter motivierend zu führen (▸▸**Tipp 1 bis 9**).

*Geld löst lediglich Sekundärmotivation aus*

Geld löst lediglich Sekundärmotivation (▸**Tipp 17**) aus (die Arbeit selber ist nur Mittel zum Zweck des Gelderwerbs), befriedigt im Wesentlichen die materiellen Bedürfnisse (▸**Tipp**

22) der unteren Maslowschen Hierarchiestufen und zählt bei Herzberg nur zu den Stabilisatoren (▶ Tipp 25).

Sekundärmotivation ist aber nur begrenzt wirksam. Wenn beispielsweise ein Vorgesetzter durchgesetzt hat, dass ein besonders leistungsfähiger Mitarbeiter eine außertarifliche Zulage erhält, löst das normalerweise Freude aus und beflügelt den Betreffenden tatsächlich bei seiner Arbeit. Doch wie lange hält diese Wirkung an? Im Allgemeinen wird der Mehrverdienst nach spätestens zwei bis drei Monaten als neue Normalität empfunden und hat keinerlei motivierende Wirkung mehr. Wollte man also alleine über Geld motivieren, müsste man vierteljährlich die Gehälter erhöhen!

*Schneller Gewöhnungseffekt*

*Geld ist ein Mittel zur Sekundärmotivation und somit nur zeitlich begrenzt wirksam.*

## Tipp 28 Werden Erwartungen enttäuscht, kann Geld sogar demotivierend wirken

Besonders deutlich zeigt sich der fragwürdige Motivationseffekt finanzieller Anreize bei den jährlichen Tariferhöhungen. Hier kann es sogar zu demotivierenden Effekten kommen: Häufig bleiben die ausgehandelten Erhöhungen hinter den Erwartungen der Beschäftigten zurück und lösen Enttäuschungen oder gar Verärgerungen aus. Bestenfalls werden sie als Selbstverständlichkeit hingenommen. Ähnlich schädlich können sich auch andere finanzielle Belohnungen auswirken: Fallen Prämien oder Leistungszulagen geringer aus als erwartet, sind die Mitarbeiter enttäuscht oder fühlen sich sogar ungerecht behandelt. Die beabsichtigte Motivierung kehrt sich in Demotivierung um!

*Bleiben Tariferhöhungen hinter den Erwartungen zurück, kann Demotivation die Folge sein*

Haben Mitarbeiter mehrere unterschiedliche Aufgaben wahrzunehmen und gibt es nur für einige davon eine Zulage, so ist die Versuchung groß, die übrigen Arbeiten zu vernachlässigen. Um dem entgegenzuwirken werden dann manchmal auch für diese anderen Aufgaben Zulagen eingeführt oder es werden die Prämien nach dem Gießkannenprinzip verteilt. Die Folge: Unausgewogene Prämien- und Zulagensysteme bringen nicht etwa motiviertere Mitarbeiter, sondern es kommt zu einer neutralisierenden Nivellierung, die dem Unternehmen lediglich zusätzliche Kosten verursacht.

## Tipp 29 Gerade die immateriellen Anreizmöglichkeiten schaffen Primärmotivation

Häufig sehen Vorgesetzte nur die materiellen Anreizmöglichkeiten (vor allem Geld, ▸▸TIPP 27, 28) und beklagen, dass ihnen diese Möglichkeiten in der Regel – wenn überhaupt – nur in sehr begrenztem Maß gegeben sind.

*Den Mitarbeiterbedürfnissen nach Gesellschaft, Wertschätzung und Selbstverwirklichung nachkommen*

Dabei sind es gerade die immateriellen Anreize, die Primärmotivation (▸TIPP 17) schaffen, d. h. echte Arbeitszufriedenheit und langfristiges Mitarbeiterengagement. Dazu zählen diejenigen Maßnahmen, die den Mitarbeitern mehr Selbstständigkeit und Mitsprachemöglichkeiten einräumen, ihren Neigungen entgegenkommen und ihnen Erfolgserlebnisse vermitteln. Insbesondere sind dies Maßnahmen, die den Mitarbeiterbedürfnissen nach Gesellschaft, Wertschätzung und Selbstverwirklichung entsprechen (▸TIPP 22). Bei genauem Hinsehen eröffnet sich hier ein weites Feld von Motivationsanreizen. Einige Beispiele dafür finden Sie in ▸TIPP 32.

Das Bestechende an derartigen Anreizen ist, dass sie mehrheitlich kostenlos sind. Sie erfordern lediglich von der Führungskraft die Einsicht in die Wirksamkeit der Anreizmechanismen (▸▸TIPP 16 BIS 26), psychologisches Einfühlungsvermögen sowie den ehrlichen Vorsatz, die gewonnenen Erkenntnisse im Rahmen der eigenen Führungsmaßnahmen zu berücksichtigen.

*WILL ODER KANN MAN NICHT NUR MIT GELD MOTIVIEREN, MUSS MAN EMOTIONALE ARBEITSANREIZE BIETEN.*

## Tipp 30 Sorgen Sie für gerechte Bezahlung

*Grundsätzlich möchte jeder so viel wie möglich verdienen*

Ein leistungsgerechtes Entlohnungssystem ist dennoch unverzichtbar. Trotz aller höheren Bedürfnisse nach Wertschätzung oder Selbstverwirklichung (▸TIPP 22) möchte jeder im Interesse eines hohen und abgesicherten materiellen Lebensstandards so viel wie möglich verdienen.

*ZUFRIEDENHEIT MIT DER BEZAHLUNG STABILISIERT EIN FÖRDERLICHES ARBEITSKLIMA IM SINNE DER SEKUNDÄRMOTIVATION (▸TIPP 25).*

Auch gibt es genügend einfache Arbeiten, die sehr wenig Chancen für persönliche Erfolgerlebnisse oder kreative Selbstverwirklichungen bieten. Hier bleiben oft nur die sekundär wirkenden Geldanreize, um zu Arbeitsleistungen zu motivieren.

*Viele einfache Arbeiten sind nur durch sekundäre Anreize zu motivieren*

Und letztlich will niemand, unabhängig vom absoluten Einkommensniveau, das Gefühl bekommen, gegenüber anderen benachteiligt zu sein. Auch bei hohem Einkommen gibt es immer andere, die mehr verdienen.

Dieser Aspekt lässt schon erkennen, dass Geld nicht nur der Befriedigung materieller Bedürfnisse dienen kann, sondern auch denen nach Anerkennung und Wertschätzung. Insbesondere bei Besserverdienenden gilt die Einkommenshöhe heutzutage zunehmend als Indiz für beruflichen Erfolg und wird als Symbol des gesellschaftlichen Status gesehen. Eine Bewertung, die in den USA Tradition hat. So ist es auch zu erklären, warum Vorstandsmitglieder großer Unternehmen trotz ihrer nicht zu verbrauchenden Millionenvermögen alles daransetzen, ihre Einkommen weiter zu steigern. Hier wird das Einkommen zum reinen Wertschätzungsfaktor.

*Einkommen als Statussymbol*

## Tipp 31 Geld darf nicht zum finanziellen Ausgleich für Arbeitsunzufriedenheit werden

Das Streben nach Geld ist manchmal ein Kompensieren von Unzufriedenheit. Empfindet ein Mitarbeiter ständig gravierende Defizite bei seiner Arbeit, sucht er seine Befriedigung in einem möglichst hohen Einkommen. Die Bezahlung wird dann gewissermaßen als Entschädigung für entgangene Arbeitsfreude angesehen und zum Kompensationsmittel. Mögliche empfundene Defizite, die zu einer solchen Einstellung führen können, sind in Abb. IV/5 dargestellt.

*Streben nach höherem Einkommen als Kompensation für entgangene Arbeitsfreude*

Um derartige Mitarbeiterhaltungen abzubauen, bleibt nur der Weg, den Defiziten durch immaterielle Maßnahmen (▸ **TIPP 29**) entgegenzuwirken. Hier bietet sich vor allem das weite Feld der Motivationsanreize, die auf die emotionalen Mitarbeiterbedürfnisse abzielen (▸ **TIPP 22**). Geeignete Maßnahmen wären hier beispielsweise:

- unterfordernde Arbeitsinhalte anreichern (▸ **TIPP 32**)
- Mitarbeiter mitentscheiden lassen (▸▸ **TIPP 56, 94**)
- einwandfreie Arbeitsergebnisse würdigen (▸▸ **TIPP 72, 87 BIS 91**)

*Den empfundenen Defiziten durch emotionale Motivationsanreize entgegenwirken*

- Persönliche Gespräche führen (▸▸ **TIPP 85 BIS 91**)
- Sorgen und Bedenken der Mitarbeiter ernst nehmen (▸▸ **TIPP 4, 18 BIS 22, 36 BIS 40, 49**)
- Arbeiten nach Eignung zuweisen (▸▸ **TIPP 11, 18 32**)
- Ehrlich und gerecht loben, aber auch kritisieren (▸▸ **TIPP 89 BIS 91**)

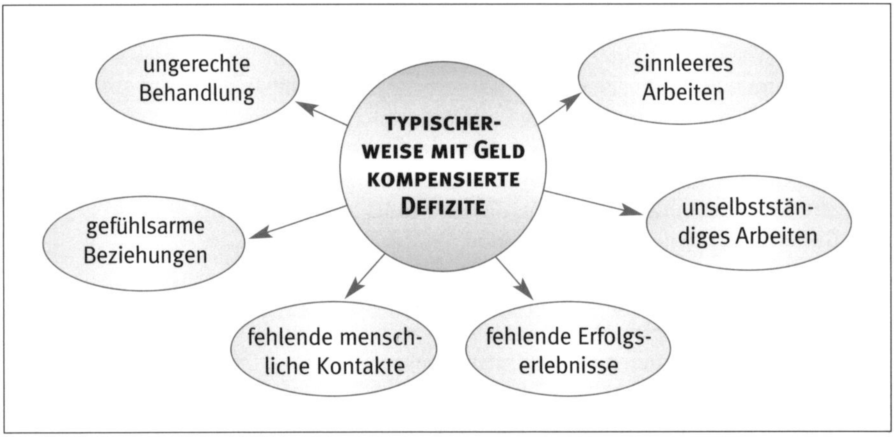


*Abb. IV/5: Faktoren von Arbeitsunzufriedenheit, die mit Geld kompensiert werden*

## Tipp 32 Nutzen Sie die Vielfalt praktischer Anreizmöglichkeiten

*Praktische Beispiele für Motivationsmaßnahmen gemäß den Bedürfniskategorien nach Maslow*

Nach den Bedürfniskategorien gemäß Maslow (▸ **TIPP 22**) geordnet, sind nachstehend praktische Beispiele für Motivationsmaßnahmen aufgeführt, die unter normalen Umständen und bei gutem Willen in jedem Arbeitsbereich realisierbar sind. Die meisten davon verursachen keine oder nur geringfügige Kosten. Das gilt ganz besonders für die Maßnahmen zur Befriedigung von Bedürfnissen nach Gesellschaft, Wertschätzung und Selbstverwirklichung. Gerade sie aber führen zu Primärmotivation (▸ **TIPP 17**), also langfristiger Arbeitszufriedenheit und Leistungsbereitschaft.

MASSNAHMEN ZUR BEFRIEDIGUNG VON MITARBEITERBEDÜRFNISSEN NACH KÖRPERLICHEM WOHLBEFINDEN:

- den körperlichen Belastbarkeiten angepasste Arbeitseinteilung

NUTZEN SIE DIE VIELFALT PRAKTISCHER ANREIZMÖGLICHKEITEN

- mitarbeitergerechte Arbeitszeit-, Pausen- und Urlaubsregelungen
- Vermeiden belastender Schicht-, Nacht- und Überzeitarbeiten
- zweckmäßige und ansprechende Arbeits-, Pausen- und Sanitärräume
- optimale Beheizung, Belüftung und Beleuchtung
- Beseitigen von Lärm-, Staub- und Geruchsbelästigungen
- getrennte Raucher- und Nichtraucherzonen
- zweckmäßige und ergonomisch einwandfreie Arbeitsplatzausstattung
- behindertengerechte Raumausstattungen und Verkehrswege
- zweckmäßige und attraktive Arbeitskleidung
- Verpflegungsmöglichkeiten (Kantine, Catering-Service, Automaten)
- Möglichkeiten für sportliche Betätigungen (Betriebssport, Fitnessraum)

MASSNAHMEN ZUR BEFRIEDIGUNG VON MITARBEITERBEDÜRFNISSEN NACH SICHERHEIT:

- längerfristige und faire Arbeitsverträge
- Vorkehrungen für die Arbeitssicherheit (Schutzkleidung, Schutzvorrichtungen)
- Entsenden zu Fortbildungsmaßnahmen, Gewähren von Bildungsurlaub
- eindeutige Regelung der Zuständigkeiten und Kompetenzen
- umfassende Information (Organisationsänderungen, Firmenentwicklung)
- regelmäßige und pünktliche Lohn-/Gehaltszahlungen
- Aufklärung über Qualifizierungs-/Aufstiegsmöglichkeiten sowie Sozialleistungen
- sichere Aufbewahrungsmöglichkeiten für persönliche Gegenstände
- persönliche Gespräche über Mitarbeitersorgen und -nöte, Hilfsangebote
- Einhalten gemachter Zusagen
- Rückmeldungen über Arbeitsergebnisse und Leistungsstand
- Keine Schwarzmalerei, Vermitteln von Optimismus

Nutzen Sie die Vielfalt praktischer Anreizmöglichkeiten

Massnahmen zur Befriedigung von Mitarbeiterbedürfnissen nach Gesellschaft:

- häufige Gespräche statt schriftlicher Mitteilungen
- Interesse am persönlichen Mitarbeiterschicksal zeigen
- Arbeitsgruppen und Projektteams schaffen
- Zusammenarbeit besonders harmonierender Kollegen ermöglichen
- Gemeinschafts- bzw. Großraumbüros einrichten
- regelmäßige Gruppenbesprechungen abhalten
- Schlichten von Konflikten, Unterbinden von Mobbing
- gemeinsame Pausenzeiten und -räumlichkeiten
- Fördern des Firmen- und Gruppenimages sowie Gemeinschaftsbewusstseins
- Betriebsfeste, Ausflüge, Besichtigungen, Veranstaltungsbesuche
- Sportgemeinschaften und Hobbygruppen
- Tage der offenen Tür für Familienangehörige

Massnahmen zur Befriedigung von Mitarbeiterbedürfnissen nach Wertschätzung:

- individuelle Begrüßung der Mitarbeiter per Handschlag und mit Namen
- Namensschilder zur Anbringung an Kleidung oder Zimmertür
- Gratulation zu persönlichen Anlässen (Geburtstag, Hochzeit, Jubiläum)
- Respektieren persönlicher Weltanschauungen oder Wertvorstellungen
- verantwortungsvolle und herausfordernde Aufgabenstellungen
- Erfragen von Meinungen, Vorschlägen und Wünschen
- Einräumen von Eigenverantwortung und Entscheidungsbefugnis
- verbales Anerkennen positiver Arbeitsergebnisse
- Prämien bzw. Zulagen für überdurchschnittliche Leistungen
- Erwirken von Beförderungen oder Höhergruppierungen
- Belohnungen durch Arbeitserleichterungen oder kleine Vergünstigungen
- verdienstvollen Mitarbeiter herausgehobene Aufgaben ermöglichen

MASSNAHMEN ZUR BEFRIEDIGUNG VON MITARBEITER-BEDÜRFNISSEN NACH SELBSTVERWIRKLICHUNG:

- Freiräume für kreative Aktivitäten
- Unterstützen von Eigeninitiativen
- Verzicht auf zu einengende Arbeitsanweisungen
- Arbeitsraum- und Arbeitsplatzgestaltung durch die Mitarbeiter selbst
- Würdigung von Verbesserungsvorschlägen (auch von nicht realisierbaren)
- Vorschläge vom Betreffenden selber verwirklichen bzw. erproben lassen
- Tolerieren ausgefallener Kleidung oder Frisur soweit vertretbar
- Sonderaufträge entsprechend persönlichen Fähigkeiten, Vorlieben, Hobbys
- Zulassen individueller Arbeitszeiteinteilung
- Berücksichtigung von individuellen Weiterbildungswünschen
- Unterstützen von Betriebsrats- und gewerkschaftlichen Tätigkeiten
- Erleichtern ehrenamtlicher Tätigkeiten (Sozialarbeit, politische Ämter)

Der Katalog ist beileibe keine vollständige Aufzählung der Motivationsmöglichkeiten. Aber schon dieser kleine Ausschnitt kann veranschaulichen, dass einem als Führungskraft mit einiger Fantasie ein weit größeres Maßnahmenrepertoire zur Verfügung steht, als man zunächst glauben mag.

## Tipp 33 Bevorzugen Sie Maßnahmen mit Mehrfacheffekten

*Manche Maßnahmen zur Mitarbeitermotivierung zielen gleich auf mehrere Bedürfniskategorien*

Manche der Maßnahmen zur Mitarbeitermotivierung zielen gleich auf mehrere Bedürfniskategorien. Beispielsweise befriedigen persönliche Gespräche (▸▸ **TIPP 85 BIS 91**) durch die Weitergabe von Informationen das Sicherheitsbedürfnis und vertiefen außerdem die Vorgesetzen-Mitarbeiter-Beziehung, was wiederum dem Bedürfnis nach Gesellschaft entgegenkommt. Darüber hinaus signalisieren persönliche Gespräche dem Mitarbeiter, dass er einem wichtig ist und man sich für ihn Zeit nimmt, was ein Ausdruck der Wertschätzung ist.

Bevorzugen Sie Massnahmen mit Mehrfacheffekten

*Massnahmen die auf mehrere Bedürfnisse gleichzeitig abzielen, können gleich mehrfache Motivationseffekte auslösen und treffen mit hoher Wahrscheinlichkeit auf ein tatsächlich vorhandenes Bedürfnis.*

## Tipp 34 Erkennen Sie die innere Kündigung Ihrer Mitarbeiter

Werden einem Mitarbeiter über längere Zeit keine Motivationsanreize geboten oder wird er durch

- ungerechte Behandlung,
- verletzende Kritik,
- mangelnde Würdigung seiner Leistungen,
- herabsetzende oder beleidigende Äußerungen,
- diskriminierende Maßnahmen,
- bewusste Missachtung

*Wer sich schlecht behandelt fühlt, distanziert sich innerlich von seiner Arbeit*

oder andere, schwer wiegende Beschädigungen seines Selbstwertgefühls demotiviert, so kann das so weit führen, dass sich der Betroffene innerlich von seiner Arbeit oder vom gesamten Unternehmen verabschiedet. Man nennt diese Reaktion „innere Kündigung“.

*Unter „innerer Kündigung“ versteht man das gezielte Verweigern von Engagement und Eigeninitiative als Reaktion eines Mitarbeiters auf frustrierende Erlebnisse oder Umfeldbedingungen.*

Der Mitarbeiter will zwar nicht formal kündigen und seine Stellung im Unternehmen sowie die damit verbundenen persönlichen Vorteile nicht aufgeben, distanziert sich aber innerlich vom Betriebsgeschehen.

Soweit es seine Position nicht ernsthaft gefährdet oder zu empfindlichen Konsequenzen führt, verhält er sich möglichst passiv oder täuscht Arbeiten nur vor. Er wählt stets den Weg des geringsten Widerstands.

*Aggressivität ist kein Wesensmerkmal innerer Kündigung*

Aggressivität ist hingegen kein Wesensmerkmal innerer Kündigung, denn sie würde bedeuten, dass sich der Betreffende doch noch mit den betrieblichen Vorgängen auseinandersetzt. Vielmehr findet er sich (scheinbar) mit den wahrgenommenen Unzulänglichkeiten ab. Aggressionen treten eher als Ausdruck der Verzweiflung im Vorfeld der inneren Kündigung auf.

*Aggressionen sind eher ein Ausdruck der Verzweiflung im Vorfeld*

Innere Kündigung ist bei Mitarbeitern aller Hierarchieebenen, Berufszweige und Arbeitsfelder anzutreffen, wenn auch mit unterschiedlicher Häufigkeit. Sie kann sowohl bei Geführten als auch Führenden eintreten. Lediglich die äußeren Erscheinungsbilder variieren etwas je nach persönlicher Mentalität oder beruflicher Situation.

Eine ähnliche Reaktion ist die „Selbstpensionierung“, deren Ursachen und Erscheinungsbilder jedoch etwas anders geartet sind. Sie ist folgendermaßen definiert:

> *„SELBSTPENSIONIERUNG“ IST EINE INNERE DISTANZ, DIE NICHT EINE FOLGE VON ENTTÄUSCHUNGEN, SONDERN DAS ERGEBNIS NÜCHTERNER ABWÄGUNG VON VOR- UND NACHTEILEN BERUFLICHEN ENGAGEMENTS IST.*

Die Selbstpensionierung ist eine Konsequenz aus der rationalen Erkenntnis, dass ein unvermindertes Engagement im Beruf nicht mehr zur Steigerung der Lebensqualität beitragen oder ihr sogar schaden würde. Häufig ist das der Fall, wenn jemand bei realistischer Einschätzung der Personalstruktur des Unternehmens keinen weiteren Aufstieg mehr erwarten kann. Aber auch das Gefühl alters- oder gesundheitsbedingter Überforderung kann zu dieser Schlussfolgerung führen. Oft sind beide Ursachenarten miteinander gekoppelt und verstärken sich gegenseitig.

*Selbstpensionierung erwächst aus der rationalen Erkenntnis, dass längeres Engagement im Beruf nicht weiter bringt*

Meistens wird der Schritt zur Selbstpensionierung auch durch frühere Wertvorstellungen ähnlicher Tendenz begünstigt. Außerberufliche Werte wie Familie, Urlaubsreisen oder Hobbys hatten für den Selbstpensionierten oft schon immer einen besonders hohen Stellenwert. Im Allgemeinen hat der Betreffende dabei kein schlechtes Gewissen. Er sieht sein Verhalten nicht als Leistungsverweigerung im Sinne einer bewussten Schädigung, sondern als gerechten Ausgleich für langjährig erbrachte Leistungen. Er meint es sich verdient zu haben, seine formelle Pensionierung vorwegzunehmen.

*Außerberufliche Werte haben einen besonders hohen Stellenwert*

Beide Arbeitshaltungen, innere Kündigung wie Selbstpensionierung, wirken sich gleichermaßen leistungsmindernd und damit negativ auf das Unternehmensergebnis aus. Die Unterschiede liegen lediglich im Verhalten gegenüber anderen:

Während innerlich gekündigte Mitarbeiter resigniert, verschlossen und unausgeglichen wirken, sind selbstpensionierte eher selbstzufrieden und kontaktfreudig. Es sind oft diejenigen Mitarbeiter, die bei allen Geburtstags- oder Jubiläumsfeiern anzutreffen sind und in der Kantine zu den größten und heitersten Tischrunden gehören. So gesehen also eher angenehme Kollegen.

Da die Unterschiede für die Arbeitsergebnisse nur eine untergeordnete Rolle spielen, hat sich für beide Varianten einheitlich der Begriff „innere Kündigung“ eingebürgert.

## Tipp 35 Nehmen Sie die Vorboten innerer Kündigung ernst

*Typische Verhaltensmerkmale innerer Kündigung*

Typische Verhaltensmerkmale, die auf eine vollzogene oder sich anbahnende innere Kündigung hinweisen sind:

- widerspruchsloses Befolgen von Anweisungen, selbst dann, wenn diese offenbar auf falschen Annahmen oder Entscheidungen beruhen;
- Ausbleiben von Rückfragen bei Informationslücken oder Verständnisproblemen;
- kritikloses Zustimmen zu allen Vorschlägen oder Ideen des Vorgesetzten;
- Fehlen von unangeforderten eigenen Vorschlägen oder Stellungnahmen;
- Gelassenes Erdulden von Kritik oder Änderungswünschen,
- Liegenlassen von Arbeiten, sobald kein Verschulden nachweisbar ist;
- keine eigeninitiative Terminverfolgung;
- vorschnelles Abbrechen von Arbeiten bei Problemen oder Widerständen;
- Dulden von Fehlentwicklungen, sofern sie keine persönlichen Nachteile bringen;
- stetes Ablehnen von Mehrarbeit, Überstunden und zusätzlicher Verantwortung;
- kein volles Ausnutzen des eigene Zuständigkeitsrahmens;
- Rückdelegieren von Entscheidungsbefugnissen;
- Hinnehmen von Eingriffen in den eigenen Weisungsbereich;
- keine ungefragten Meinungsäußerungen in Besprechungen;

- unkritisches Anschließen an Mehrheitsmeinungen;
- abwertende Bemerkungen im Kollegenkreis über das Unternehmen, Vorgesetzte und Arbeitsaufgaben;
- fehlendes Interesse an Fortbildungsangeboten;
- unauffälliges Verhalten, Zurückziehen an den eigenen Arbeitsplatz;
- Ausnutzen jeglicher Erleichterungsmöglichkeiten;
- Überziehen der Pausen, dagegen kein Verpassen des Feierabends;
- sich häufende Ausfalltage wegen leichter Erkrankungen.

## Tipp 36 Verhindern Sie die Flucht in die innere Kündigung

*Werden Anzeichen einer Flucht in die innere Kündigung erkennbar, bietet nur ein freimütiges, aber aggressionsfreies Mitarbeitergespräch (▶ Tipp 91) eine Chance die Entwicklung aufzuhalten und neue Motivationsanreize zu bieten.*

*Dem Mitarbeiter vermitteln, dass man ihm helfen und ihn nicht verlieren möchte*

Wichtig ist, dass der Mitarbeiter in dem Gespräch die Überzeugung gewinnt, dass man ihm helfen will und ihn als nützlichen Mitarbeiter nicht verlieren möchte. Es hat keinen Sinn, ihm Vorwürfe zu machen oder zu drohen. Aus seiner resignativen Gefühlssituation heraus wird er angesichts von Kritik nur scheinbar Einsicht zeigen und es künftig lediglich geschickter anstellen, weiteren Unannehmlichkeiten aus dem Weg zu gehen. Das eigentliche Problem aber bleibt bestehen.

Sind nur einige der geschilderten Verhaltensweisen zu beobachten, muss das noch nicht unbedingt auf eine innere Kündigung hindeuten. Dennoch sollte man dem betreffenden Mitarbeiter verstärkte Aufmerksamkeit widmen, denn immerhin scheinen sich bei ihm bedenkliche Motivationsmängel eingestellt zu haben.

# V MITARBEITERWIDERSTÄNDE ABBAUEN

## Grundlagen

Wenn Menschen auf Anweisung arbeiten sollen, trifft das naturgemäß nicht immer auf deren Zustimmung.

*Arbeitsaufträge können Vorbehalte, Skepsis oder sogar massive Widerstände auslösen*

Auf Grund ihrer individuellen Mentalität, Erfahrungen und Lebenssituation haben Menschen nun einmal unterschiedliche Bedürfnisse und Ansichten, die bei einem Arbeitsauftrag unterschiedliche Reaktionen auslösen können – unter anderem eben auch Vorbehalte, Skepsis oder sogar massive Widerstände. Aber auch ihre Fähigkeiten auf dem betreffenden Arbeitsgebiet sowie ihre momentane Stimmungslage und körperliche Verfassung spielen dabei eine Rolle.

In einer derartigen Situation sind die Führungsfähigkeiten des Vorgesetzten in besonderem Maß gefordert. Er muss einerseits dafür sorgen, dass die Arbeiten trotz der Mitarbeitervorbehalte erledigt werden und löst andererseits dadurch möglicherweise einen belastenden Konflikt aus.

> *IM UMGANG MIT MITARBEITERWIDERSTÄNDEN ZEIGT SICH DIE ART DES FÜHRUNGSSTILS EINES VORGESETZTEN.*

## Tipp 37 Betrachten Sie Mitarbeiterwiderstände als Chancen

Will man als Führungskraft in konstruktiver Weise mit Mitarbeiterwiderständen umgehen, so ist es zunächst einmal wichtig, sie als normale Begleiterscheinungen von Arbeitsprozessen zu betrachten und nicht als generell böswilliges Verhalten zu interpretieren, das sich auf die eigene Person richtet.

*Der Umgang mit Widerständen ist Führungsalltag*

Schließlich können diese Widerstände durchaus auch Positives bewirken: Sie können den Vorgesetzten veranlassen,

*Widerstände sollten zur Reflexion anregen*

- seine Anordnung noch einmal kritisch zu überdenken und plausibel zu begründen,
- sich intensiver mit möglichen Risiken und Problemen auseinander zu setzen,
- diese rechtzeitig einzukalkulieren und ihnen vorzubeugen
- und können ihn letztlich sogar vor schwer wiegenden Fehlentscheidungen bewahren.

Die Normalität menschlicher Widerstände zu akzeptieren bedeutet jedoch nicht, sich mit ihnen abzufinden.

*Gegen den Widerstand der Mitarbeiter ist kein optimales Engagement zu erwarten und das Erreichen der Arbeitsziele infrage gestellt.*

Die Frage kann nur sein, in welcher Weise man als Führungskraft mit den Widerständen umgeht, ob auf partnerschaftliche Art oder durch Konfrontation (▸ **Tipp 39**).

## Tipp 38 Ermitteln Sie die Gründe der Mitarbeiterwiderstände

Mitarbeiterwiderstände gegen Arbeitsaufträge können sehr unterschiedliche Gründe haben. Demzufolge sind auch unterschiedliche Maßnahmen für deren Überwindung erforderlich. Die Gründe können sein:

| | |
|---|---|
| Entweder der Betreffende | versteht nicht |
| oder er hat verstanden, aber er | glaubt nicht |

oder er hat verstanden und glaubt, aber er — **kann nicht**

oder er hat verstanden glaubt und kann, aber er — **will nicht**

*Fehlleistungen und Mitarbeiterwiderständen auf den Grund gehen*

Um sicherzustellen, dass ein Arbeitsauftrag richtig verstanden worden ist, sollte man sich als Führungskraft versichern, dass der Mitarbeiter auch wirklich alle relevanten Informationen nachvollzogen hat und im Zweifelsfall nachfragen.

Ist ein Mitarbeiter über sein Arbeitsumfeld oder die Hintergründe eines Arbeitsauftrags verunsichert, glaubt er also nicht an dessen Notwendigkeit oder Sinnhaftigkeit, können ihm gezielte und umfassende Informationen dazu verhelfen, die Situation in einem größeren Gesamtzusammenhang zu sehen und so besser zu verstehen.

Im Falle eines Mitarbeiters, der eine Aufgabe aufgrund fachlicher Defizite nicht erfüllen kann, ist zu prüfen, ob hier eine Weiterbildungsmaßnahme greifen kann oder es sachdienlicher ist, die Aufgabe einem geeigneteren Mitarbeiter zu übertragen.

Der Mitarbeiter, der nicht will, hat entweder konkrete individuelle Gründe, denen entsprechend zu begegnen ist, oder es liegt ein echtes Motivationsproblem vor.

*GEHT MAN VORSCHNELL VON EINER LEDIGLICH VERMUTETEN UND NICHT ABGESICHERTEN URSACHE AUS, BLEIBT ES DEM ZUFALL ÜBERLASSEN, OB ES GELINGT, DIE WIDERSTÄNDE TATSÄCHLICH UND DAUERHAFT ABZUBAUEN.*

## Tipp 39 Kooperation und Machtausübung können gleichermaßen zielführend sein

*Kooperation und Machtausübung können gleichermaßen gerechtfertigt sein*

Im Interesse der Zielerreichung hat sich ein Vorgesetzter mit den Widerständen von Mitarbeitern auseinander zu setzen und zu versuchen sie zu überwinden. Das kann sowohl auf dem Weg der Kooperation als auch auf dem der Machtausübung geschehen. Obwohl beide Strategien grundsätzlich unterschiedliche Vorgehensweisen erforderlich machen und auch unterschiedliche Konsequenzen für das Verhältnis zu den Mitarbeitern haben, können beide in bestimmten Situationen gerechtfertigt sein:

URSACHEN DER WIDERSTÄNDE BERÜCKSICHTIGEN

| **KOOPERATIVER WEG:** *Widerstände durch Überzeugung abbauen* | **REPRESSIVER WEG:** *Widerstände durch Machtausübung brechen* |
|---|---|
| ANZUSTREBENDER WEG, WEIL<br>• so echtes Engagement und hohe Leistungsbereitschaft geweckt wird,<br>• eigenverantwortliches und selbstständiges Handeln gefördert werden,<br>• ein positives, mitmenschliches Arbeitsklima geschaffen wird,<br>• künftigen Widerständen aus ähnlichen Anlässen vorgebeugt wird. | ANGEMESSENER WEG, WENN<br>• die Dringlichkeit keine zeitaufwändigen Erläuterungen zulässt,<br>• der Überzeugungsaufwand unverhältnismäßig hoch wäre,<br>• das Vorgehen wegen bindender Vorgaben nicht diskutabel ist,<br>• keine längerfristige Zusammenarbeit angestrebt ist. |
| EINZIG GANGBARER WEG, WENN<br>die Führungskraft über keine ausreichenden Machtmittel verfügt bzw. einsetzen kann. | EINZIG GANGBARER WEG, WENN<br>sämtliche Überzeugungsversuche gescheitert sind, die Auftragserledigung aber unverzichtbar ist. |

Angesichts von Widerständen muss sich die Führungskraft immer wieder neu entscheiden, welchen Weg der Überwindung sie gehen will. Bevorzugt sie eher den kooperativen Weg, so entspricht das einem demokratischen und personenorientierten Führungsstil. Wählt sie hingegen überwiegend den repressiven Weg, entspricht das einem autokratischen, eher sachorientierten Führungsstil (▸**TIPP 6**).

*Demokratisch und personenorientiert oder autokratisch und sachorientiert?*

## Tipp 40 Wer überzeugen will, muss die Ursachen der Widerstände berücksichtigen

Will man Mitarbeiter langfristig motivieren und deshalb den Weg des Überzeugens gehen (▸**TIPP 39**), ist es unverzichtbar,

*Vorgehensweisen, um die wahren Ursachen für die Widerstände eines Mitarbeiters zu erkennen*

auf die Ursachen für die ablehnende Mitarbeiterhaltung einzugehen. Dazu sollte man,

- sich in die Lage des Mitarbeiters versetzen und die Dinge einmal mit seinen Augen betrachten – manchmal wird man dann feststellen müssen, dass die Vorbehalte aus seiner Perspektive gesehen durchaus verständlich sind,
- nicht versuchen, dem Mitarbeiter seine fundamentalen Wertvorstellungen und Grundsätze auszureden,
- ihm den Sinn und Nutzen des Vorhabens sowie gegebene Sachzwänge einsehbar machen und
- mit ihm gemeinsam nach einer für beide Seiten akzeptablen Vorgehensweise suchen.

Geht man auf diese Weise vor, hat man gute Chancen, die wahren Ursachen für die Widerstände eines Mitarbeiters zu erkennen und einen konstruktiven Weg zu deren Abbau zu finden.

## Tipp 41 Vermeiden Sie unbedingt Autoritätsverlust

Es kann durchaus vorkommen, dass es trotz allen Bemühens nicht gelingt, den betreffenden Mitarbeiter zu überzeugen, die Führungskraft aber auch nicht über die notwendigen Machtmittel verfügt, um ihn zur gewünschten Arbeitsweise zu zwingen. In einer derartigen Zwangslage bleibt nichts anderes übrig, als den Arbeitsauftrag einem gutwilligeren Mitarbeiter zu übertragen, die Arbeit selbst zu erledigen oder gänzlich auf sie zu verzichten, sofern vertretbar.

*Die Grenzen der eigenen Durchsetzungsmöglichkeiten erkennen*

So unbefriedigend diese Erkenntnis auch ist, muss es sich die Führungskraft eingestehen, hier an die Grenzen ihrer Durchsetzungsmöglichkeiten gelangt zu sein. Dies nicht wahrhaben zu wollen und weitere untaugliche Versuche zu unternehmen, auf den Mitarbeiter einzuwirken, können bis zur Lächerlichkeit führen!

*Hartnäckig einen zum Scheitern verurteilten Weg zu verfolgen, um Führungsstärke zu beweisen, führt letztlich zu Autoritätsverlusten.*

Allerdings muss ein solcher Fall die seltene Ausnahme bleiben und es muss dem unwilligen Mitarbeiter deutlich gemacht werden, dass sich sein Verhalten auf seine künftige Arbeitssituation nachteilig auswirken wird. Zum Beispiel durch eine entsprechende Leistungsbeurteilung (▸▸ Tipp 74 bis 84), dass er künftig bei attraktiven Arbeitsaufgaben nicht mehr berücksichtigt wird oder bei persönlichen Sonderwünschen kein Entgegenkommen mehr erwarten darf.

*Das schlechte Beispiel darf nicht Schule machen*

Das schlechte Beispiel darf nicht Schule machen und andere dürfen nicht den Eindruck gewinnen, auf Grund ihrer Gutwilligkeit wegen der Führungsschwäche des Vorgesetzten die Arbeit anderer mitmachen zu müssen.

## Tipp 42 Verfolgen Sie Ihre Ziele mit Konsequenz

Verständlicherweise wird von Führungskräften manchmal die Frage gestellt: *„Was mache ich, wenn ich mit einem Mitarbeiter im Sinn des demokratischen Führungsstils* (▸ **Tipp 6**) *ein partnerschaftliches Kritikgespräch geführt habe, in dem er versprochen hat, den beanstandeten Mangel zu beheben, dies aber nach der vereinbarten Frist immer noch nicht geschehen ist? Besteht dann nicht die Gefahr, dass man trotz demokratischen Selbstverständnisses in ein autokratisches Führen verfällt – oder einem sogar nichts anderes übrig bleibt?“*

Natürlich kommt es immer wieder vor, dass trotz eines konstruktiv geführten, einvernehmlichen Kritikgesprächs (▸ **Tipp 91**) der betreffende Mitarbeiter die getroffenen Absprachen nicht einhält. Er entweder überhaupt nicht tätig wird, oder auch das neue Arbeitsergebnis unzureichend ausfällt. Aber auch dann bleibt nichts anders übrig, als erneut mit ihm zu sprechen, um herauszubekommen, warum der Mangel noch immer nicht beseitigt ist und mit ihm eine neue Vereinbarung zu treffen.

*Bei grundlegenden Mängeln ist es unrealistisch eine schnelle Änderung zu erwarten*

Insbesondere bei grundlegenden Leistungs-, Verhaltens- oder Motivationsmängeln ist es unrealistisch zu erwarten, dass ein Mitarbeiter durch ein einziges Gespräch zu ehrlicher Einsicht und durchgreifender Änderung seiner Arbeitshaltung zu bringen ist. Dann wäre Mitarbeiterführung einfach!

*Das Ändern menschlicher Verhaltensgewohnheiten und Grundeinstellungen bedarf nun einmal der Geduld und permanenter Überzeugungsarbeit.*

## Tipp 43 Seien Sie beharrlich und geben Sie nicht auf

Arbeitsziele ergeben nur dann einen Sinn, wenn sie tatsächlich erreicht werden. Daher ist es eine der wichtigsten Aufgaben jeder Führungskraft dafür zu sorgen, dass die Arbeitsergebnisse trotz eventueller Schwächen oder Widerstände von Mitarbeitern den gesetzten Zielen entsprechen. Notfalls muss der Prozess von der Ermittlung der Problemursache bis hin zur erneuten Kontrolle (**▸▸Tipp 64 bis 73**) mehrfach durchlaufen werden. So lange bis das gewünschte Ergebnis wirklich erreicht ist.

*Auch demokratisches Führen muss in der Sache zielstrebig sein*

Das hartnäckige Bestehen auf eine vorgabengerechte Aufgabenerfüllung bedeutet noch lange keine Abkehr vom demokratischen Führungsstil. Auch demokratisches Führen muss in der Sache zielstrebig sein. Wie das umseitige Ablaufschema zeigt, ist es ausschließlich eine Frage der Verhaltensweisen und der Art der Maßnahmen der Führungskraft, ob ein solcher Prozess dem demokratischen oder autokratischen Führungsverständnis (**▸Tipp 6**) entspricht. In jeder einzelnen Phase hat man als Führungskraft die Wahl zwischen demokratischen und autokratischen Mitteln.

*Konsequente Zielverfolgung und demokratischer Führungsstil müssen einander nicht ausschliessen.*

*Bei wiederholten Zielverfehlungen die Gespräche mit steigendem Nachdruck führen*

Bei wiederholten Zielverfehlungen müssen allerdings die Gespräche (**▸Tipp 91**) mit steigendem Nachdruck geführt werden und dem Mitarbeiter die Auswirkungen eines erneuten Scheiterns mit aller Deutlichkeit vor Augen geführt werden. Im Sinne des situationsgerechten Führens (**▸Tipp 6**) müssen notfalls trotz grundsätzlich demokratischen Führungsverständnisses auch autokratische Maßnahmen ergriffen werden, wenn ein weiteres Tolerieren nicht mehr vertretbar ist.

*Mitarbeiterführung ist ein mühevolles Geschäft, bei dem Rückschläge nicht ausbleiben – bringt man jedoch die nötige Ausdauer und Zuversicht auf, wird das durch dauerhafte Erfolge belohnt.*

Dann vermittelt die Führungsarbeit echte Arbeitsfreude, Leistungssteigerungen und verständnisvolles Verhalten der Mitarbeiter können stolz machende Erfolgserlebnisse verschaffen.

| **Prozess** | **Führungsverhalten: autokratisch, repressiv** | **Führungsverhalten: demokratisch, partnerschaftlich** |
| --- | --- | --- |
| **Soll-Ist-Abweichung** *Ziel nicht erreicht* | | |
| *Ursache ermitteln* | Ursachenvermutung des Vorgesetzten, Schuldzuweisung, Belehrungen | gemeinsame Suche nach Ursachen im Interesse des Erkenntnisgewinns |
| *Korrekturmaßnahme planen* | Festlegung durch den Vorgesetzten | Erfragen von Vorschlägen des Mitarbeiters |
| *Maßnahme initiieren* | Maßnahmenanordnung, Androhung von Konsequenzen bei Misserfolg | Maßnahmenvereinbarung, Aufzeigen der Auswirkungen einer Zielverfehlung |
| *Maßnahme durchführen* | Beaufsichtigung durch den Vorgesetzten | erforderlichenfalls Unterstützung durch den Vorgesetzten |
| *Zielerreichung erneut kontrollieren* | vorrangig Fehlersuche | vorrangig Erfolgskontrolle |
| **Soll-Ist-Abweichung** *Erneuter Korrekturbedarf* | Vorwürfe wegen Mitarbeiterversagens, Disziplinierung | Verdeutlichung der Mängelpunkte, Vereinbarungen für deren Beseitigung |
| **Soll-Ist-Übereinstimmung** *Ziel ist erreicht* | Selbstzufriedenheit des Vorgesetzten | Anerkennung des Mitarbeitererfolgs |

*Abb. V/1: Als Führungskraft hat man immer die Wahl zwischen demokratischen und autokratischen Mitteln*

# VI MITARBEITERVERTRAUEN GEWINNEN

## Grundlagen

Ein Merkmal jeder Organisation ist – ob Wirtschaftsunternehmen, öffentliche Verwaltung, Wohltätigkeitsverband oder Sportverein – dass sich Menschen zusammenfinden, um gemeinsam bestimmte Ziele zu erreichen. Indem jedes Organisationsmitglied seine spezifischen Fähigkeiten und Ressourcen einbringt sowie durch gemeinsame Kraftanstrengungen können sie Aufgaben bewältigen, zu denen Einzelne nicht in der Lage wären.

*Wird Vertrauen nicht gerechtfertigt, wird der einzelne seine Leistungen reduzieren*

Damit Organisationen erfolgreich funktionieren, muss zwischen den Beteiligten ein ausgewogenes Geben und Nehmen gewährleistet sein. Jeder, der etwas für das gemeinsame Vorhaben beiträgt, will darauf vertrauen können, dass sich auch die anderen bemühen und er für sich selber einen angemessenen Nutzen erzielt. Wird dieses Vertrauen nicht gerechtfertigt, wird er seine Leistungen reduzieren oder sich von der Gemeinschaft gänzlich verabschieden. Vertrauen ist somit eine zwingende Voraussetzung für die Harmonie innerhalb menschlicher Gesellschaften. Demzufolge spielt das Vertrauensverhältnis zwischen den Führungskräften und Mitarbeitern eines Unternehmens eine wichtige, oft sogar die entscheidende Rolle.

*DAS MANAGEN VON UNTERNEHMEN UND DAS FÜHREN VON MITARBEITERN SIND OHNE EIN MINDESTMASS GEGENSEITIGEN VERTRAUENS UNDENKBAR.*

*Gegenseitiges Vertrauen ist keine Selbstverständlichkeit*

Gegenseitiges Vertrauen ist jedoch alles andere als eine Selbstverständlichkeit! Im Gegenteil: Aufgrund einer ererbten „Urangst“ vor Unbekanntem sowie gemachten schlechten Lebenserfahrungen neigen wir dazu, uns fremden Menschen gegenüber im Zweifel eher misstrauisch zu verhalten. Obwohl wir selber ein natürliches Bedürfnis nach Vertrauen haben, schenken wir es anderen nicht so ohne weiteres. Vertrauen muss sich aus dieser zunächst distanzierten Haltung heraus erst entwickeln und erfordert bestimmte Rahmenbedingungen.

*VERTRAUEN LÄSST SICH NICHT ANORDNEN, MAN MUSS ES ERWERBEN.*

## Tipp 44 Nehmen Sie das Vertrauensverhältnis wichtig

Führungskräfte haben heutzutage weder die Zeit noch das allumfassende Wissen, um sich mit jedem einzelnen Mitarbeiter so intensiv zu befassen, ihn so ausführlich fachlich anzuleiten und bis in alle Einzelheiten zu kontrollieren, wie das noch vor einigen Jahrzehnten möglich war. Führungskräfte müssen heute in weit größerem Maß auf den guten Willen und die Verantwortungsbereitschaft ihrer Mitarbeiter vertrauen können, wenn sie nicht scheitern wollen.

*Führungskräfte müssen auf den guten Willen ihrer Mitarbeiter vertrauen können*

Hat ein Vorgesetzter ein gesundes Vertrauensverhältnis zu seinen Mitarbeitern, so muss er sich nicht um alles kümmern. Dann werden ihn die Mitarbeiter auch in kritischen Situationen, wie terminliche Engpässe oder riskante Störfälle, nicht im Stich lassen. Gerade in solchen Situationen erweist es sich, inwieweit sich ein Vorgesetzter auf seine Mitarbeiter verlassen kann. Ob sie ihn im Regen stehen lassen oder sich in besonderem Maß einsetzen, um ihn nicht zu enttäuschen. Und dann wird sich der Vorgesetzte gelegentlich auch einmal eine Fehlentscheidung leisten oder im Ton vergreifen können, ohne dass die Mitarbeiter dies ausnutzen oder ihm die Gefolgschaft aufkündigen. Schließlich sind auch Führungskräfte nur Menschen, die nicht ohne Schwächen und nicht immer bei bester Laune sind.

Gerade unter den heutigen wirtschaftlichen Bedingungen spielt das gegenseitige Vertrauen im Unternehmen eine große Rolle:

*In Zeiten struktureller Veränderungen ist das gegenseitige Vertrauen im Unternehmen wichtig*

- Die schnellen Veränderungen der Märkte erfordern oftmals schnelles Handeln der Mitarbeiter ohne bürokratische, auf Misstrauen beruhende Barrieren überwinden zu müssen.
- Die kostbare Zeit muss in erster Linie „an der Front", also in den Umgang mit Kunden investiert werden und nicht in interne Koordinierungsvorgänge.
- Um der Konkurrenz standhalten zu können, müssen Kreativität, Experimentierfreudigkeit und Risikobereitschaft der Mitarbeiter durch nichtkontrollierte Handlungsspielräume gefördert werden.
- Vertrauen in die Mitarbeiter senkt die Kosten für unprofitable Überwachungs- und Rechtfertigungsaktivitäten.
- Je mehr man den Mitarbeitern vertraut, desto mehr Verantwortungsbereitschaft entwickeln sie und desto stärker

identifizieren sie sich mit ihrer Arbeit und dem Unternehmen.

- Bei den heute fachlich oft sehr anspruchsvollen Aufgaben müssen die Spezialisten weitgehend selbstständig arbeiten können, da die Vorgesetzten deren Fachprobleme ohnehin nur begrenzt nachvollziehen können (▸Tipp 2).

## Tipp 45 Setzen Sie Vertrauen nicht als selbstverständlich voraus

*Vertrauen muss erst aufgebaut werden*

Vertrauen ist keine Selbstverständlichkeit, sondern muss erst aufgebaut werden. Es ist etwas ganz Natürliches, dass Mitarbeiter zunächst skeptisch sind, wenn sie in eine Firma neu eintreten oder einem neuen Vorgesetzten unterstellt werden. Sie wissen noch nicht, was sie erwartet – ihr natürliches Sicherheitsbedürfnis lässt sie vorsichtig sein.

Andererseits sind verständlicherweise auch die Führungskräfte bestrebt, keine unvermeidbaren Risiken einzugehen und sich entsprechend abzusichern. Die Folge kann sein, dass sie ihre Mitarbeiter nur innerhalb enger Grenzen nach eigenem Ermessen arbeiten lassen, ihnen die Arbeitsweise genau vorschreiben und die Arbeiten regelmäßig kontrollieren. Vor allem dann, wenn sie sich von den Fähigkeiten und der Zuverlässigkeit eines Mitarbeiters noch nicht hatten überzeugen können.

*Die Führungskraft steht ständig in dem Konflikt auf der einen Seite den Mitarbeitern Vertrauensvorschuss zu gewähren und sich auf der anderen Seite gegen Misserfolge absichern zu müssen.*

## Tipp 46 Nur vor dem Hintergrund vertrauter Umstände entsteht Vertrauen

*Wie kommt es trotz des anfänglichen Misstrauens zu Vertrauen?*

Unbekannten Menschen und neuen Organisationsbezügen begegnet man in der Regel zunächst mit Vorsicht. Wie kommt es nun trotz dieses anfänglichen Misstrauens zu Vertrauen? Normalerweise vertrauen wir erst dann, wenn uns etwas nicht mehr unbekannt ist und wir damit keine schlechten Erfahrungen gemacht haben. Das kann eine Person oder Personengruppe sein, mit der wir wiederholt Umgang hatten oder eine bestimmte Situation, die wir so oder so ähnlich schon einmal erlebt haben.

*Vertrauen beruht auf Vertrautheit.*

Vertrauen in diesem engeren Sinn ist also nicht von vornherein gegeben, sondern entsteht erst durch Bestätigung eigener Erwartungen oder Hoffnungen. Je häufiger die Bestätigung erfolgt, desto stärker, d.h. vorbehaltloser wird das Vertrauen.

*Vetrauen entsteht durch Bestätigung eigener Erwartungen oder Hoffnungen*

## Tipp 47 Geben Sie den unerlässlichen Vertrauensvorschuss

Will man in einer neuen personellen Situation ein Vertrauensverhältnis aufbauen oder will man von einem anderen überhaupt erst einmal eine erste Vertrauensbestätigung erhalten, bleibt einem nichts anderes übrig, als sich auch ohne jegliche Erfahrung zunächst ein Stück weit auf das Geschehen einzulassen. Nur so kann ein Regelkreis (▸**Tipp 48**) in Gang gesetzt werden, der eine tragfähige Vertrauensbasis schaffen kann.

*Am Beginn der Vertrauensbildung steht immer ein Risiko, muss man einen „Vertrauensvorschuss" einbringen: Ohne Einsatz kein Gewinn!*

Dieser erste, besonders risikobehaftete Schritt ist letztlich ein Akt unbegründeten Vertrauens. So betrachtet entsteht Vertrauen doch nicht ausschließlich durch bestätigte Erwartungen, sondern erfordert ein gewisses Potenzial an Mut sowie Grundvertrauen in das Leben.

*Zunächst erfolgt ein Akt unbegründeten Vertrauens*

Man kann versuchen, dieses Anfangsrisiko zu minimieren, indem man sich an Vergleichbarem orientiert. Das können sein:

*Sich an Vergleichbarem orientieren*

- Erfahrungen aus ähnlichen Begebenheiten
- allgemein gültige Regelungen oder abgesichertes Fachwissen
- Ratschläge oder Empfehlungen anderer

In diesem Sinn bedeutet Vertrauen auch, es als eher unwahrscheinlich einzuschätzen, benachteiligt oder getäuscht zu werden.

*IN DER REGEL ZAHLT ES SICH AUS, MITARBEITERN VERTRAUENSVORSCHUSS ZU GEWÄHREN (▶ TIPP 48), INDEM MAN IHNEN HANDLUNGSFREIRÄUME LÄSST UND SIE NICHT DURCH STÄNDIGE KONTROLLEN EINENGT UND DEMOTIVIERT (▶▶ TIPP 64 BIS 73).*

## Tipp 48 Machen Sie als Vorgesetzter den ersten Schritt

Eine entscheidende Frage ist, wer den Prozess der Vertrauensbildung initiieren muss, wer also das Risiko des ersten Schritts wagen muss – der Mitarbeiter oder sein Vorgesetzter. Haben die persönlichen Interessen des Mitarbeiters den Vorrang oder hat die Verpflichtung der Führungskraft zur Wahrung der Unternehmensbelange Priorität?

*Die Führungskraft sollte den ersten Vertrauensvorschuss leisten, da ...*

Es gibt zwei gute Gründe, die dafür sprechen, dass die Führungskraft den ersten Vertrauensvorschuss leistet:

*... sie für ein gutes Arbeitsklima verantwortlich ist*

- Die Verantwortung für ein leistungsförderndes und konfliktfreies Klima der Zusammenarbeit liegt in erster Linie bei der Führungskraft. Diese Voraussetzungen zu schaffen ist eine der wichtigsten Führungsaufgaben überhaupt. Zu den Mitarbeiterpflichten gehört lediglich, durch das persönliche Verhalten den Betriebsfrieden nicht zu stören und betriebliche Abläufe nicht zu behindern.

*... das Risiko für sie in der Regel geringer ist als für ihren Mitarbeiter*

- Das Risiko eines (natürlich angemessen begrenzten) Vertrauensvorschusses ist für die Führungskraft in aller Regel geringer als für den Mitarbeiter. Ein fehlerhaftes Arbeitsergebnis auf Grund zu großen Vertrauens in die Fähigkeiten oder Gewissenhaftigkeit des Mitarbeiters bringt dem Vorgesetzten in aller Regel, wenn überhaupt, höchstens Ärger mit seinem eigenen Vorgesetzten ein. Hingegen kann der Mitarbeiter durch vorbehaltloses Vertrauen zum Vorgesetzten, beispielsweise durch das freimütige Eingestehen einer Unachtsamkeit oder Überforderung, seine Beförderung oder sogar seinen Job aufs Spiel setzen. Er kann dadurch seine wirtschaftliche Existenz und damit u. U. auch die einer gesamten Familie gefährden!

Wie im nachstehenden Regelkreis dargestellt, drückt sich der Vertrauensvorschuss des Vorgesetzten in einem vertrauensvollen Verhalten gegenüber dem Mitarbeiter aus, was auch

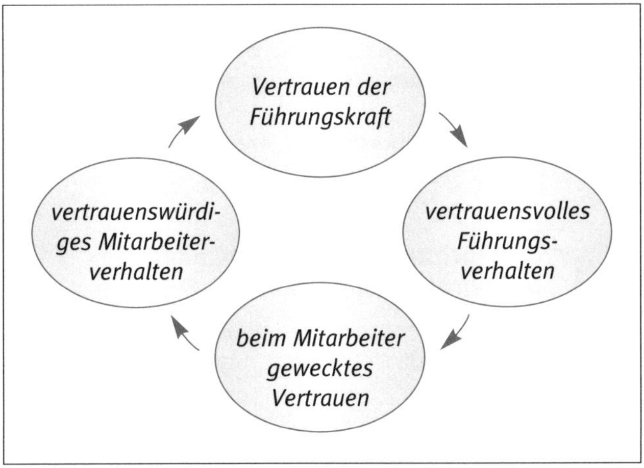


*Abb. VI/1: Regelkreis der Vertrauensbildung*

bei diesem Vertrauen weckt. In aller Regel wird sich nun der Mitarbeiter seinerseits bemühen, durch ein vertrauenswürdiges Verhalten das Vertrauen seines Vorgesetzten zu rechtfertigen, um es sich zu erhalten. Dieses vertrauenswürdige Mitarbeiterverhalten wiederum ist für den Vorgesetzten eine Bestätigung seines Vertrauensvorschusses, was sein Vertrauen zum Mitarbeiter steigert. Auf diese Weise kann sich im Laufe der Zeit ein tragfähiges und dauerhaftes Vertrauensverhältnis entwickeln.

*Bestätigtes Vertrauen verstärkt die Vertrauensbasis*

*VERTRAUENSVOLLES VORGESETZTENVERHALTEN SCHAFFT VERTRAUENSWÜRDIGES MITARBEITERVERHALTEN.*

Selbstverständlich funktioniert dieser Regelkreis aber auch im entgegengesetzten Sinn und dann mit negativen Auswirkungen: Misstraut ein Vorgesetzter seinen Mitarbeitern von vornherein und kontrolliert sie entsprechend genau, wird das auch die Mitarbeiter vorsichtig machen. Beispielsweise werden sie Fehler möglichst zu vertuschen suchen. Bemerkt dies der Vorgesetzte, scheint das sein anfängliches Misstrauen zu bestätigen. Es wird dadurch wachsen und er wird sich zukünftig genötigt sehen, die Mitarbeiter noch pedantischer zu kontrollieren – der Regelkreis wird erneut durchlaufen und beschleunigt sich. Psychologen nennen das eine sich selbst erfüllende Vorhersage.

*Misstrauen und Kontrolle schaffen Misstrauen*

Da dieser negative Trend sehr leicht in Gang kommen kann, sollte man als Führungskraft tunlichst alles vermeiden, was das Vertrauen der Mitarbeiter erschüttern könnte.

*Nur Vertrauen schafft Vertrauen – Misstrauen schafft Misstrauen!*

## Tipp 49 Beachten Sie vertrauensbildende Führungsgrundsätze

Insbesondere die nachstehend aufgeführten Verhaltensprinzipien einer Führungskraft wirken vertrauensbildend:

**Vertrauensbildende Maßnahmen:**

- Der Vorgesetzte informiert seine Mitarbeiter ehrlich, vollständig und rechtzeitig über alle Dinge, die ihre Arbeitsaufgaben oder persönlichen Belange berühren.
- Gemachte Zusagen hält er ein oder macht zumindest nachvollziehbar, warum er sein Versprechen nicht aufrechterhalten kann.
- Spricht ihn ein Mitarbeiter wegen persönlicher Probleme an, nimmt er sich die Zeit, ihm zuzuhören.
- Er nimmt die Sorgen seiner Mitarbeiter nicht nur wahr, sondern setzt sich mit ihnen auseinander und versucht zu helfen.
- Auch ohne konkrete Anlässe setzt er sich für seine Mitarbeiter ein.
- Ihm anvertraute sehr persönliche oder für den Betreffenden peinliche Informationen behält er für sich und verwendet sie nicht zu dessen Nachteil.
- Er zeigt kein Interesse an schädigenden Gerüchten über andere und duldet deren Verbreitung nicht.
- Grundlegende Entscheidungen trifft er möglichst erst dann, wenn er auch die Meinungen seiner Mitarbeiter gehört hat.
- Gegen die Meinungen oder Interessen seiner Mitarbeiter entscheidet er nicht ohne triftigen Grund und nicht ohne Absprache.
- Für Kritik an seiner eigenen Person ist er offen.

- Fragen, Vorschläge oder Bedenken nimmt er ernst und setzt sich mit ihnen aufgeschlossen auseinander – auch wenn sie ihm zunächst belanglos oder sogar absurd erscheinen.
- Solange die Arbeitsziele oder wichtige Vorgaben nicht gefährdet werden, überlässt er es weitgehend den Mitarbeitern selbst, auf welche Weise sie vorgehen.
- Er kontrolliert nicht stärker als es die Mitarbeiterfähigkeiten oder Fehlerrisiken erfordern.
- Fehler bespricht er möglichst unter vier Augen und ohne unnötige Schuldzuweisungen.
- Auch bei ärgerlichen Vorkommnissen bleibt er fair und höflich.
- Kritik Dritter an seinen Mitarbeitern übernimmt er nicht ungeprüft.
- Er steht zu seiner Gesamtverantwortung und stellt sich nach außen schützend vor seine Mitarbeiter.

## Tipp 50 Seien Sie geradlinig und berechenbar

*Die Qualität der Beziehung zwischen Mitarbeitern und Vorgesetzten beeinflusst das Unternehmensergebnis*

Viele Studien weisen nach, dass sich die Qualität der unmittelbaren Beziehung zwischen Mitarbeitern und Vorgesetzten direkt auf das Unternehmensergebnis auswirkt. Wird die Beziehung von den Mitarbeitern positiv erlebt, ist die Produktivität hoch, wird sie negativ empfunden, sinkt sie.

Doch was macht die empfundene Qualität einer Mitarbeiter-Vorgesetzten-Beziehung aus? Naturgemäß lässt sich das nicht an einer einzigen Komponente festmachen, sondern vielmehr spielt hierbei die gesamte Vielfalt menschlicher Gefühle, Einstellungen und Verhaltensweisen eine Rolle: persönliche Sympathie, individuelle Wertvorstellungen, Kommunikationsverhalten und vieles mehr. Nicht jeder kommt mit jedem gleichermaßen gut klar. Was aber die Bereitschaft anbelangt, sich von jemandem führen zu lassen, so ist dabei offenbar immer die Geradlinigkeit des Führenden ein wesentliches Kriterium. Man will als Mitarbeiter wissen, woran man bei seinem Vorgesetzten ist und (was auch immer) man von ihm zu erwarten hat. Oder anders ausgedrückt: seine Vertrauenswürdigkeit ist entscheidend.

*Man will als Mitarbeiter wissen, woran man bei seinem Vorgesetzten ist*

SEIEN SIE GERADLINIG UND BERECHENBAR

*VERTRAUEN IST DIE GRUNDLAGE DAUERHAFT ERFOLGREICHEN FÜHRENS UND VERTRAUEN SETZT BERECHENBARKEIT VORAUS.*

Es gibt genügend Beispiele, wo Mitarbeiter ihren Chef für zu streng halten, viele seiner Ansichten nicht teilen oder ihn sogar unsympathisch finden, sie ihm aber dennoch folgen, weil er in seinem Verhalten konsequent und authentisch ist – sie ihm vertrauen können. Menschen sind bereit, manches Fehlverhalten anderer zu tolerieren, nicht aber Vertrauensmissbrauch (▸ **TIPP 51**).

## Tipp 51 Täuschen Sie Ihre Mitarbeiter nicht

*Notwendigkeit auch unpopuläre Maßnahmen zu vertreten*

Führungskräfte geraten zwangsläufig immer wieder in das Dilemma, sich auf der einen Seite den Belangen ihrer Mitarbeiter verpflichtet zu fühlen, andererseits häufig Entscheidungen treffen zu müssen, die sich gegen deren Interessen richten.

Diese Diskrepanz lässt sich nur durch Vertrauen überbrücken. Nur wenn die Mitarbeiter davon überzeugt sind, dass es sich nicht um eine momentane Laune des Chefs oder sogar um einen Akt der Willkür handelt, werden sie auch eine ungeliebte oder gar schmerzliche Maßnahme akzeptieren. Selbst wenn der Vorgesetzte einmal ein Versprechen nicht einhalten kann, werden es die Mitarbeiter verzeihen, sofern sie merken, dass es nicht leichtfertig sondern aus gutem Grund geschehen ist. Wenn sie erkennen, dass der Vorgesetzte seinen Grundsätzen dennoch treu geblieben ist und sie nicht bewusst getäuscht hatte.

*Es muss Vertrauen in die Kompetenz und die guten Absichten des Vorgesetzten herrschen*

Dringlichkeit und Handlungszwänge oder die fachliche Komplexität eines Arbeitsauftrags lassen es manchmal nicht zu, den Mitarbeitern den Sinn und Zweck einer Anweisung hinreichend verständlich zu machen (▸ **TIPP 6, 37 BIS 43**). Auch in derartigen Situationen kann nur das grundlegende Vertrauen in die Kompetenz und die guten Absichten des Vorgesetzten die notwendige Maßnahmenakzeptanz bei den Mitarbeitern bewirken.

*MITARBEITER ZU ENTTÄUSCHEN IST MANCHMAL UNVERMEIDBAR. SIE ZU TÄUSCHEN IST JEDOCH UNVERZEIHBAR.*

## Tipp 52 Berücksichtigen Sie die Mitarbeitererwartungen

Nur wenn Mitarbeiter erkennen, dass die Führung nicht ausschließlich den Unternehmensprofit im Auge hat, sondern sich auch um die Belange der Beschäftigten kümmert, werden sie bereit sein, sich für die geforderten Arbeiten vorbehaltlos einzusetzen. Sie müssen darauf vertrauen können, dass sie für ihr Engagement angemessen entlohnt werden und sich die Unternehmensleitung um zumutbare Arbeitsbedingungen bemüht. In dieser Hinsicht liegen die Mitarbeitererwartungen vorrangig auf der Sachebene.

*Nur Mitarbeiter, die sich in ihren persönlichen Belangen ernst genommen fühlen, werden leisten*

Was jedoch die unmittelbare Zusammenarbeit mit ihren Vorgesetzten anbelangt, so liegen hier die Mitarbeitererwartungen eher auf der Gefühls- bzw. Beziehungsebene. Sie erwarten, dass ein Vorgesetzter

*Die Erwartungen an die Führungskraft liegen eher auf der Gefühlsebene*

- die Mitarbeiterleistungen wahrnimmt und anerkennt,
- ihre Persönlichkeit achtet und wertschätzt,
- sie bei auftretenden Schwierigkeiten unterstützt und
- sich auch ihrer persönlichen Sorgen und Nöte annimmt.

## Tipp 53 Gegenseitiges Vertrauen oder völlige Versachlichung und lückenlose Kontrolle

Mangelndes Vertrauen kann nur ersetzt werden durch bis ins letzte Detail geregelte Vorbedingungen und eine lückenlose Kontrolle. Ein solches Zusammenwirken ist völlig auf die Sachebene reduziert und missachtet fundamentale emotionale Bedürfnisse. Persönliche Wertschätzung, gesellschaftliche Geborgenheit und zwischenmenschliche Harmonie bleiben auf der Strecke. Die Beteiligten werden unzufrieden und entwickeln kein echtes Partnerschaftsgefühl. Spätestens im Falle von Schwierigkeiten erweist sich die Brüchigkeit derartiger Beziehungen: Statt sich im Interesse des Ganzen gegenseitig zu unterstützen, versucht jeder, sich noch stärker abzusichern. Statt alle Energien für die Problembewältigung zu mobilisieren, werden sie für Rechtfertigungen und gegenseitige Schuldzuweisungen verschwendet. Es kommt zu unnötigen Konflikten bis hin zu destruktivem Verhalten und Sabotageakten, was sich zwangsläufig negativ auf die gesamte Zielerreichung auswirkt.

*Ein völlig auf die Sachebene reduziertes Zusammenwirken missachtet fundamentale emotionale Bedürfnisse*

*VERTRAUEN BIRGT RISIKEN – MISSTRAUEN ABER AUCH!*

## Tipp 54 Beugen Sie Vertrauensdefiziten vor

*Aktuelle Ursachen für Vertrauensdefizite*

Für mangelndes Mitarbeitervertrauen in Unternehmen lassen sich in den letzten Jahren zunehmend folgende Gründe ausmachen:

- Die Mitarbeiter machen wiederholt die Erfahrung, dass Veränderungen einseitig zu ihren Lasten vorgenommen werden.
- Sie bekommen das Gefühl, ihr Schicksal sei der Unternehmensleitung gleichgültig, die Vorgesetzten würden sich nicht um sie kümmern.
- Die Mitarbeiter gewinnen den Eindruck, man würde sie bewusst mangelhaft oder sogar falsch informieren.
- Sie müssen erkennen, dass ihr jahrelanges Engagement in Krisenzeiten oder bei strategischen Unternehmensentscheidungen nichts mehr gilt.
- Die Unternehmensleitung setzt bei wichtigen Entscheidungen eher auf das (teure) Expertenwissen externer Berater als auf die Erfahrungen, das Insiderwissen und die Kundenkontakte der eigenen Mitarbeiter.
- Manager der oberen Hierarchieebenen sorgen mehr für ihre persönlichen Vorteile als für den Fortbestand des Unternehmens und den Erhalt der Arbeitsplätze.

*Vertrauensdefizite durch eine geänderte Unternehmens- und Führungskultur abbauen*

Derartigen Vertrauensdefiziten ist unbedingt vorzubeugen und wo sie bereits eingetreten sind, muss versucht werden, sie durch eine geänderte Unternehmens- und Führungskultur abzubauen. Dabei ist zu bedenken:

*DAS VERTRAUEN DER MITARBEITER ZU GEWINNEN IST NICHT EINFACH, VERSPIELTES VERTRAUEN ZURÜCKZUGEWINNEN OFTMALS UNMÖGLICH!*

## Tipp 55 Angemessenes Misstrauen ist durchaus angebracht

*„Blindes Vertrauen" führt in der Regel zu Enttäuschungen*

Ein uneingeschränktes Vertrauen ohne jegliche Vorsicht („blindes Vertrauen") führt mit hoher Wahrscheinlichkeit irgendwann zu einer Enttäuschung. Es gibt nun einmal keine Partnerschaft, aus der beide Seiten ausschließlich Vorteile ziehen können. Irgendwann wird auch der blind Vertrauende sehend und bemerkt, was er leichtfertig hergegeben hat. Er ist enttäuscht, wenn er erkennen muss, nicht angemessen profitiert oder sogar draufgezahlt zu haben. Meist wird er die Schuld dafür dann nicht nur bei sich selbst suchen, sondern auch den Partner verantwortlich machen.

*Ein angemessenes Maß an Vorsicht ist angebracht*

Bei allem Vertrauen in die Mitarbeiter ist daher stets auch ein angemessenes Maß an Vorsicht angebracht, sollte man ein so genanntes „gesundes" Misstrauen hegen. Damit die Zusammenarbeit auf Dauer gut funktionieren kann, darf der Blick für mögliche Risiken nicht verstellt sein. Bei aller positiven Einstellung ist ein Minimum vorsorglicher Absprachen oder Regelungen unverzichtbar, müssen sich Vorgesetzter und Mitarbeiter hinsichtlich ihrer unterschiedlichen Erwartungen austauschen, um diese verständnisvoll berücksichtigen zu können. (Allerdings ist blindes Vertrauen wesentlich seltener anzutreffen als unbegründetes Misstrauen!)

*EINE EFFEKTIVE UND DAUERHAFTE ZUSAMMENARBEIT ERFORDERT EIN AUSGEWOGENES VERHÄLTNIS VON VERTRAUEN UND MISSTRAUEN, VON RISIKOBEREITSCHAFT UND KONTROLLE.*

Die Balance zwischen wünschenswertem Vertrauen und zweckdienlichem Misstrauen sorgt dafür, dass ein bestehendes Vertrauensverhältnis nicht zerstört wird, sondern wachsen kann.

# VII Mitarbeitern Verantwortung übertragen

## Grundlagen

*Delegation sollte immer auch die übertragung von Verantworung umfassen*

Während es als selbstverständlich gilt, Arbeiten an nachgeordnete Mitarbeiter zu delegieren, hängt es vom Führungsverständnis der jeweiligen Führungskraft ab, inwieweit diese bereit ist, ihnen dabei auch Verantwortung zu übertragen und die entsprechenden Befugnisse einzuräumen. Wenn im Folgenden der Begriff „Delegation“ verwendet wird, so ist damit hauptsächlich das Übertragen von Verantwortung gemeint.

*Dem Verantwortungsbewusstsein der Mitarbeiter wird entscheidende Bedeutung beigemessen*

Fragt man Führungskräfte, welche Grundeinstellungen und Arbeitshaltungen sie von ihren Mitarbeitern erwarten, so werden mit großer Übereinstimmung in erster Linie genannt:

- Verantwortungsbewusstsein
- Selbstständigkeit
- Engagement
- Kreativität

Kriterien wie Pünktlichkeit, Ordnungsliebe, Pflichtbewusstsein oder Gehorsam werden heute eher als Sekundärtugenden gesehen, die zwar immer noch wünschenswert, nicht aber von entscheidender Bedeutung sind. Statt widerspruchslose Befehlsempfänger werden vielmehr vor allem eigenverantwortlich und selbstständig arbeitende Mitarbeiter benötigt.

*Verantwortung zu übertragen bedeutet das Abgeben von Macht und das Eingehen von Misserfolgsrisiken*

Demzufolge kommt der Verantwortungsdelegation heutzutage eine besondere Bedeutung zu. Dennoch zeigt die Praxis, dass sich nicht wenige Führungskräfte damit schwer tun. Denn Verantwortung zu übertragen bedeutet auch

- Macht abzugeben und weniger Einfluss auf den Arbeitsprozess nehmen zu können sowie
- aufgrund von möglicherweise unzureichenden Fähigkeiten und mangelnder Zuverlässigkeit von Mitarbeitern Misserfolgsrisiken einzugehen.

Das müssen jedoch keine Hinderungsgründe sein, wenn man sich die Nutzeffekte und Grenzen von Verantwortungsdelegation bewusst macht.

*Unter den heutigen Bedingungen muss es oberstes Ziel sein, Mitarbeiter zu unternehmerischem Denken und selbstständigem Arbeiten zu führen.*

Inwieweit ein Vorgesetzter seinen Mitarbeitern Eigenverantwortung und Selbstständigkeit einräumt, ist letztendlich ein wesentliches Merkmal seines Führungsstils (▸▸ **Tipp 5 bis 9**).

## Tipp 56 Nutzen Sie die Vorteile der Verantwortungsdelegation

*Entlasten Sie sich im Tagesgeschäft zu Gunsten wichtiger Führungsaufgaben*

Das Delegieren von Verantwortung bringt der Führungskraft eine Reihe von Nutzeffekten:

- Entlastung zu Gunsten wichtigerer Führungsaufgaben
- Lösung auftretender Probleme durch die Mitarbeiter selbst – auch bei Abwesenheit des Vorgesetzten
- Heranbilden von Mitarbeitern für längerfristige Vorgesetztenvertretungen
- Erkennen verborgener Qualitäten und Entwicklungspotenziale von Mitarbeitern

*Die Übernahme von Verantwortung motiviert Ihre Mitarbeiter*

Auch die Mitarbeiter profitieren auf mehrfache Weise von der Verantwortungsübernahme:

- Chancen für motivierende Erfolgserlebnisse
- Stärkung von Verantwortungsbewusstsein und Risikobereitschaft
- Entwickeln von Selbstständigkeit, Kreativität, Entscheidungsfähigkeit
- Entwickeln neuer Fähigkeiten durch Eigenerfahrungen
- Qualifizierung für den Aufstieg in eine Führungsposition

Diese Entwicklung des Reifegrads der Mitarbeiter zahlt sich letztlich auch wieder für die Führungskraft aus.

## Tipp 57 Überwinden Sie die Scheu vor Verantwortungsdelegation

Führungskräfte geraten häufig in Gewissenskonflikte, wenn sie vor der Frage stehen, inwieweit sie einen Mitarbeiter selbstständig und eigenverantwortlich arbeiten lassen sollen (▶ **TIPP 48**).

*Zweifel, die Risiken der Verantwortungsdelegation gegenüber dem Unternehmen vertreten zu können*

Das gilt durchaus auch für Führungskräfte, die von ihrer Grundeinstellung her demokratisch führen wollen (▶ **TIPP 6**). Gerade sie kommen schnell in den Zwiespalt, bei einem Arbeitsauftrag dem Mitarbeiter einerseits weitgehende Eigenverantwortlichkeit zubilligen zu wollen, sich andererseits aber unsicher zu sein, ob sie die damit verbundenen Risiken auch gegenüber dem Unternehmen vertreten können (▶▶ **TIPP 1 BIS 2, 47 BIS 48, 55**). Weniger Risikofreudige lösen den Konflikt dann manchmal auf die Weise, dass sie besonders anspruchsvolle Aufgaben lieber selbst erledigen als entsprechend detaillierte Anleitungen geben zu müssen und dadurch vermeintlich autokratisch zu wirken.

Diese Zweifel lassen sich weitgehend ausräumen, indem man sich die grundlegenden Aspekte von Delegation vor Augen führt (▸▸ **TIPP 58 BIS 63**).

## Tipp 58 Differenzieren Sie in verschiedene Verantwortungsarten

Selbstverständlich hat jede Verantwortungsdelegation auch ihre Grenzen. Sie zu erkennen fällt leichter, wenn man sich die unterschiedlichen Arten von Verantwortung und die daraus resultierenden Konsequenzen klar macht.

### Die Handlungsverantwortung

Mit einem Arbeitsauftrag übernimmt der Mitarbeiter zwangsläufig die Verantwortung dafür, dass er die in seinem Arbeitsvertrag verankerten Pflichten nach besten Kräften erfüllt. Er muss sich also auch ohne besondere Anweisungen im Rahmen seiner Aufgabenerfüllung anstrengen das Ziel zu erreichen und korrekt zu arbeiten.

*Pflicht, sich nach besten Kräften um die Zielerreichung zu bemühen*

*MIT JEDEM ARBEITSAUFTRAG WIRD AUTOMATISCH AUCH DIE HANDLUNGSVERANTWORTUNG DELEGIERT.*

Es gehört zu den selbstverständlichen Sorgfaltspflichten eines jeden Mitarbeiters, die vereinbarten bzw. allgemein gültigen Regeln zu beachten und seine durch Ausbildung oder Einarbeitung erworbenen Fähigkeiten einzubringen.

*BEISPIEL: Auch ohne ausdrückliche Ermahnung seines Vorgesetzten hat ein Lieferfahrer die Bestimmungen der Straßenverkehrsordnung zu beachten und wird er bei Verstößen von der Polizei direkt zur Verantwortung gezogen.*

### Die Entscheidungsverantwortung

Ganz anders liegen die Dinge bei dieser Verantwortungsart. Wie in ungeplanten Situationen zu verfahren ist, liegt grundsätzlich in der Entscheidungsverantwortung des Vorgesetzten. Diese kann aber soweit nützlich und vertretbar fallweise delegiert werden.

*Entscheidungsverantwortung kann nach Maßgabe der Umstände fallweise delegiert werden*

DIFFERENZIEREN SIE IN VERSCHIEDENE VERANTWORTUNGSARTEN

*BEISPIEL: Es wird die Motivation des Lieferfahrers steigern, wenn man ihm die eigenverantwortliche Festlegung seiner täglichen Fahrtroute überlässt. Andererseits geht man dabei das Risiko ein, dass er die Dringlichkeit eines Kundenauftrags falsch einschätzt und zu spät liefert.*

## Die Gesamtverantwortung

*Ureigenster Bestandteil des Führungsauftrags*

Die Gesamtverantwortung für den eigenen Führungsbereich ist ureigenster Bestandteil des Führungsauftrags.

> *DIE GESAMTVERANTWORTUNG IST GRUNDSÄTZLICH NICHT DELEGIERBAR.*

*BEISPIEL: Im vorstehend beschriebenen Fall verbleibt die Gesamtverantwortung trotz der Entscheidungsdelegation beim Vorgesetzten. Letzten Endes hat er als Gesamtverantwortlicher die Folgen einer Fehlentscheidung seines Mitarbeiters gegenüber der Unternehmensleitung zu vertreten.*

*Gilt sogar bei Abwesenheit der Führungskraft*

Der Grundsatz der Gesamtverantwortung gilt sogar bei Abwesenheit der Führungskraft (z. B. wegen Urlaubs): Der Vorgesetzte muss rechtzeitig Vorsorge dafür treffen, dass

- die Arbeiten so organisiert,
- die Mitarbeiter so qualifiziert und
- die Vertretungsfragen so geregelt werden,

dass es auch während seiner Abwesenheit zu keinen vermeidbaren Schwierigkeiten kommen kann.

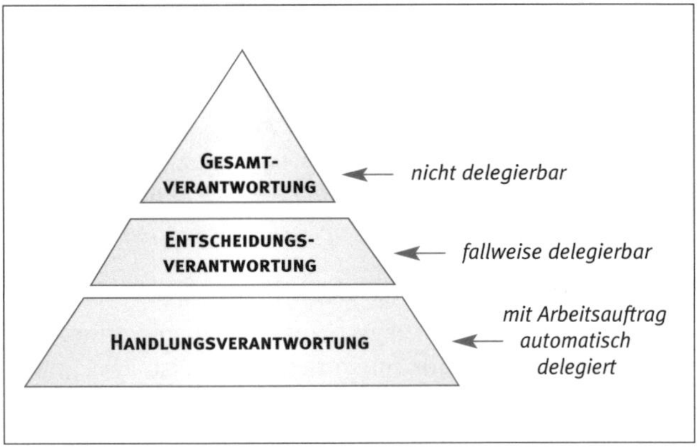


*Abb. VII/1: Verantwortungshierarchie*

## Tipp 59 Wägen Sie Nutzen und Risiken gegeneinander ab

Geht es um das Delegieren von Entscheidungsverantwortung, sind in jedem Einzelfall der erzielbare Nutzen und der Aufwand sowie die Risiken gegenüber zu stellen. Erst vor dem Hintergrund dieses Abwägens lässt es sich beurteilen, ob eine Verantwortungsdelegation sinnvoll und gerechtfertigt ist.

*In jedem Einzelfall Nutzen und Aufwand sowie die Risiken gegenüberstellen*

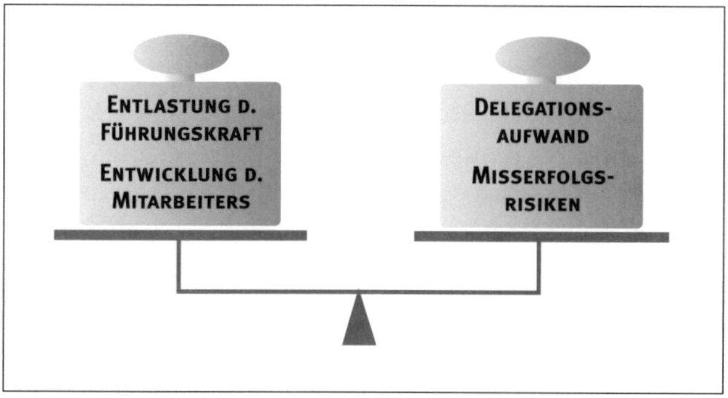


*Abb. VII/2: Rechtfertigt der Nutzen Delegationsaufwand und Misserfolgsrisiken?*

Der erhöhte Delegationsaufwand besteht darin, dass dem betreffenden Mitarbeiter naturgemäß mehr Informationen gegeben werden müssen, wenn er nicht nur strikt nach Anweisung arbeiten, sondern auch verantwortlich Entscheidungen treffen soll.

*Delegation von Entscheidungsverantwortung erfordert zunächst einen höheren Aufwand ...*

Misserfolgsrisiken können beispielsweise resultieren aus
- missverstandenen Informationen,
- Überforderung des Mitarbeiters oder
- mangelndem Engagement des Mitarbeiters.

*... und beinhaltet das Risiko von Misserfolgen*

## Tipp 60 Unterscheiden Sie Aufgabenarten nach ihrer Delegierbarkeit

Wägt man den erzielbaren Nutzen gegen die möglichen Risiken ab, so lassen sich grundsätzlich Aufgabenarten erkennen, die sich für die Delegation von Entscheidungsverantwortung besonders anbieten, während andere eher nicht delegiert werden sollten.

*Für Verantwortungsdelegation geeignete und weniger geeignete Aufgaben*

**Zur Verantwortungsdelegation gut geeignete Aufgaben:**

- häufig wiederkehrende Arbeiten mit einmaligem Einweisungsaufwand
- zeitaufwändige Arbeitsaufgaben mit geringem Fehlerrisiko
- durch Vorschriften oder allgemeine Vorgaben weitgehend geregelte Tätigkeiten
- Detailaufgaben und Tätigkeiten für Spezialisten
- Fällen routinemäßiger Ausführungsentscheidungen
- typische Stellvertreteraufgaben
- weiterqualifizierende Einzelarbeiten

**Zur Verantwortungsdelegation weniger gut bzw. nicht geeignete Aufgaben:**

- Treffen von Grundsatzentscheidungen
- Entscheidungen mit großer Tragweite oder hohem Fehlerrisiko
- Entscheidungen in außergewöhnlichen Situationen
- streng vertrauliche Angelegenheiten
- grundlegendes Informieren und Anleiten der Mitarbeiter
- Kontrollieren, Beurteilen und Kritisieren der Mitarbeiter
- disziplinarische Maßnahmen
- Angelegenheiten der Mitarbeiterfürsorge

## Tipp 61 Kontrollieren Sie die Aufgabenerledigung

*Im Sinne der Gesamtverantwortung muss die Aufgabenerledigung kontrolliert werden*

Um ihrer Gesamtverantwortung gerecht werden zu können, muss sich die Führungskraft davon überzeugen, ob die delegierten Aufgaben im Sinn der Zielsetzung erledigt werden bzw. wurden. Daraus resultiert folgende Zwangsläufigkeit:

*JE MEHR VERANTWORTUNG EINE FÜHRUNGSKRAFT DELEGIERT, DESTO MEHR MUSS SIE IM HINBLICK AUF IHRE GESAMTVERANTWORTUNG KONTROLLIEREN.*

*Die Notwendigkeit der Kontrolle kann den Motivierungseffekt des Delegierens gefährden*

Dieser Zusammenhang mag widersprüchlich erscheinen: Während das Delegieren von Verantwortung als demokratisches Führungsverhalten empfunden wird, wirkt das Kontrollieren eher autokratisch (▸ **TIPP 6**) und kann als Misstrauen verstanden werden. Darin liegt zweifellos eine Gefahr für den Motivierungseffekt des Delegierens (▸ **TIPP 56**).

Tatsache ist jedoch, dass man nur dann automatisch weiß, inwieweit ein Arbeitsziel erreicht wurde, wenn man die Arbeit selber verrichtet hat. Je mehr Aufgabenanteile man aber jemand anderem übertragen hat, desto sorgfältiger muss man sich davon überzeugen, ob das Ergebnis den Anforderungen genügt und man es verantworten kann.

Die entscheidende Frage ist nur, auf welche Weise und wie intensiv man kontrolliert (▸▸ **TIPP 64 BIS 73**).

## Tipp 62 Stellen Sie das Verantwortungsgewicht in Rechnung

Inwieweit man einem Mitarbeiter die Verantwortung für eine Aufgabe übertragen kann und sollte, hängt natürlich auch davon ab, wie schwer wiegend die Folgen der Aufgabenerfüllung sind (▸ **TIPP 60**).

Hier ist zu differenzieren hinsichtlich der
- Risiken für das Unternehmen sowie
- Risiken für den Mitarbeiter.

*In besonders wichtigen Fragen sollte sich die Führungskraft die Entscheidung selber vorbehalten*

Ist ein Arbeitsergebnis von existenzieller Bedeutung für das Unternehmen, können also sehr große Verluste oder entgangene Gewinne die Folge sein, wird sich eine verantwortungsbewusste Führungskraft die Entscheidung in den wesentlichen Fragen vorbehalten.

Sind Arbeiten insofern besonders risikoträchtig, als sie für den Ausführenden zu unzumutbaren Haftungsansprüchen führen können, so verbietet es schon die Fürsorgepflicht des Vorgesetzten, den Mitarbeiter eigenverantwortlich handeln zu lassen.

Haftungsansprüche an den Mitarbeiter können sowohl seitens des Unternehmen entstehen (z. B. durch ungerechtfertigte Kosten bei der Abwicklung großer Aufträge) als auch von Dritten (z. B. bei Personenschäden wegen unbeachteter Sicherheitsvorschriften).

## Tipp 63 Berücksichtigen Sie die Eignung des Mitarbeiters

Es wäre unverantwortlich, einem Mitarbeiter weit gehende Entscheidungsbefugnisse zu übertragen, wenn

- er nicht die geeignete Berufsausbildung hat,
- ihm notwendige Informationen bzw. Vorkenntnisse fehlen,
- er nicht über die erforderliche Übung oder Erfahrung verfügt oder
- es ihm an der nötigen Gewissenhaftigkeit oder Zuverlässigkeit mangelt.

*Den Entscheidungs- und Handlungsspielraum der Mitarbeiter kontinuierlich erweitern*

Dennoch sollte man als Führungskraft eine gewisse Risikobereitschaft (▶ **TIPP 47**) aufbringen und trotz eventueller Zweifel den Entscheidungs- und Handlungsspielraum der Mitarbeiter im Interesse ihrer Weiterentwicklung kontinuierlich erweitern. Andernfalls wird man sich auf Dauer mit unmündigen Mitarbeitern abfinden müssen.

*MITARBEITER, DIE GEGEBENE HANDLUNGSSPIELRÄUME AUSSCHÖPFEN KÖNNEN, SIND DAUERHAFT MOTIVIERT (▶ TIPP 17) UND FÖRDERN SO AUCH DEN ERFOLG DER FÜHRUNGSKRAFT, DIE IMMER AM ERFOLG DER MITARBEITER IN IHREM ZUSTÄNDIGKEITSBEREICH GEMESSEN WIRD.*

# VIII MITARBEITER KONTROLLIEREN

## Grundlagen

*Eine Führungskraft muss auch kontrollieren, um ihrer Gesamtverantwortung gerecht zu werden*

Wenn eine Führungskraft Verantwortung delegiert (**TIPP 56 BIS 63**), kann sie ihrer Gesamtverantwortung für den eigenen Zuständigkeitsbereich nur dann gerecht werden, wenn sie sich auch regelmäßig vergewissert, ob

- die angestrebten Arbeitsziele tatsächlich erreicht werden,
- dabei die vorgegebenen Vorschriften und Regeln eingehalten werden und
- mit den Ressourcen (Zeit, Werkstoffe, Energie) sparsam umgegangen wird.

Arbeitswissenschaftlich betrachtet ist Kontrolle ein Soll-Ist-Vergleich und erfüllt im Arbeitsprozess eine wichtige regulierende Aufgabe. Sie ist quasi der Regler in einem kybernetischen Regelkreis.

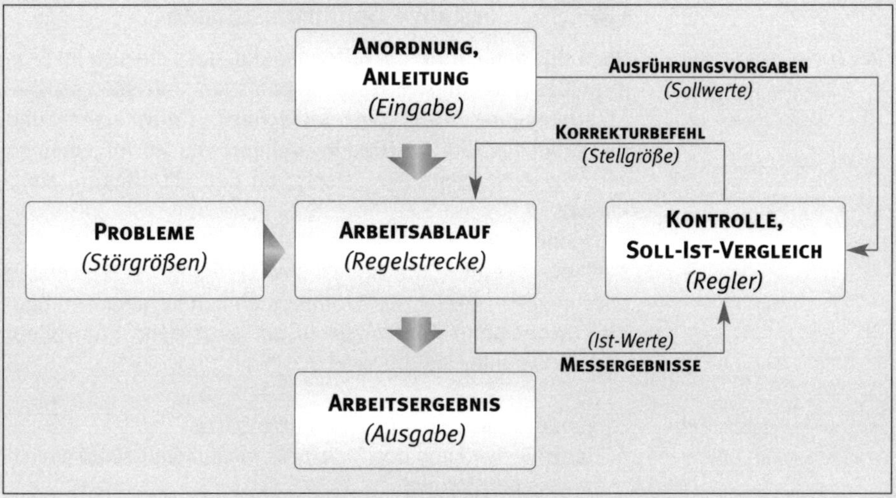


*Abb. VIII/1: Der Prozess der Kontrolle ist einem kybernetischen Regelkreis vergleichbar*

> *OHNE KONTROLLEN BLIEBE DER ARBEITSERFOLG DEM ZUFALL ÜBERLASSEN. DAS KONTROLLIEREN IST SOMIT EINE UNVERZICHTBARE FÜHRUNGSAUFGABE.*

## Tipp 64 Nutzen Sie Kontrolle als Führungsinstrument

Kontrollen haben nicht nur eine rationale Funktion, sondern wirken sich auch auf die Gefühle und damit das Arbeitsverhalten der Kontrollierten aus.

*Kontrolle ist auch ein Instrument der Mitarbeiterentwicklung*

Sinnvoll eingesetzt, können Kontrollen das Engagement und die Leistungsbereitschaft der Mitarbeiter steigern und die Weiterentwicklung ihrer Kenntnisse und Fertigkeiten fördern. Kontrolle ist somit auch ein Instrument der Mitarbeiterentwicklung.

*KONTROLLEN SICHERN DEM UNTERNEHMEN DAS ERREICHEN DER ARBEITSZIELE UND BIETEN DER FÜHRUNGSKRAFT CHANCEN ZUR MITARBEITERMOTIVIERUNG.*

## Tipp 65 Zeigen Sie Verständnis für negative Gefühlsreaktionen

*Die Notwendigkeit von Kontrollen ist in der Regel anerkannt*

Nicht nur den Führungskräften ist klar, dass sie sich im Sinn ihrer Gesamtverantwortung vergewissern müssen, ob ihre Mitarbeiter die Arbeitsziele tatsächlich erreicht haben und die Arbeitsqualität zufrieden stellend ist. Im Allgemeinen wird diese Notwendigkeit auch von den Mitarbeitern anerkannt.

Dennoch wird Kontrolle meist als unangenehm empfunden, sind die Begriffe „Kontrolle" und „Prüfung" gefühlsmäßig eher negativ besetzt. Kontrollmaßnahmen verursachen häufig sowohl beim Kontrollierten als auch beim Kontrolleur ungute Gefühle.

*Kontrollen verursachen meist ungute Gefühle*

Folgende Gründe sind hierfür maßgeblich:

- Kontrolle wird von den Mitarbeitern häufig als Misstrauensbeweis empfunden.
- Die Kontrollierten befürchten, es könnten tatsächlich Fehler entdeckt werden und ihnen dadurch Nachteile entstehen (Blamage, Imageverlust, Nachbesserungsarbeiten oder sogar Haftungsansprüche).
- Im Bewusstsein, eventuell derartige Gefühle zu wecken, ist Führungskräften das Kontrollieren oft peinlich oder sie befürchten, dadurch unerfreuliche Debatten auszulösen und das Arbeitsklima zu verschlechtern.

Gefühle dieser Art sind durchaus verständlich, denn:

*BEIM KONTROLLIEREN EINER ARBEIT WIRD NICHT NUR DIE BETREFFENDE SACHE BEWERTET, SONDERN IMMER AUCH DER MITARBEITER SELBST UND SOMIT SEIN SELBSTWERTGEFÜHL BERÜHRT.*

## Tipp 66 Schaffen Sie Akzeptanz, indem Sie Mitarbeitern den Nutzen verdeutlichen

Die in der Regel mit Kontrollen verbundenen emotionalen Aspekte bei Mitarbeitern und Vorgesetzten (▶ **TIPP 65**) dürfen nicht dazu führen, auf notwendige Kontrollen zu verzichten.

*Kontrolle dient auch den Mitarbeitern, da nur so gute Leistungen erkannt und gewürdigt werden*

Vielmehr sollte man seinen Mitarbeitern einsichtig machen, dass Kontrollen durchaus auch ihren Belangen dienen:

- Kontrolle ist die Voraussetzung für Erfolgserlebnisse der Mitarbeiter.
- Nur auf dem Wege der Kontrolle werden ihre Leistungen wahrgenommen und können entsprechend anerkannt werden.
- Kontrollen dienen der gerechten Leistungsbeurteilung und Entlohnung.
- Es können Schwierigkeiten erkannt und notwendige Hilfen gegeben werden.
- Das Erkennen von Über- oder Unterforderungen ermöglicht einen leistungsgerechten Arbeitskräfteeinsatz.
- Unzumutbare persönliche Risiken können erkannt und vermieden werden.
- Bei rechtzeitiger Kontrolle kann der Mitarbeiter seine Fehler korrigieren und somit doch noch zum Erfolg gelangen.
- Dem Kontrollierten eröffnen sich Chancen, aus Fehlern zu lernen und daran zu wachsen.
- Kontrollen nehmen die Ungewissheit und entlasten somit.

*Völliger Verzicht auf Kontrolle kann sogar demotivierend wirken*

Aus falsch verstandener Rücksichtnahme auf Kontrollen zu verzichten, würde sich somit auch gegen die Interessen der Mitarbeiter selbst richten. Werden Mitarbeiter über längere Zeit nicht kontrolliert, wächst bei ihnen das Gefühl, ihre Arbeit wäre minderwichtig und man würde sie als Person nicht beachten. Statt durch Verzicht auf Kontrolle Demotivierungen zu vermeiden, fördert man sie sogar. Wie fast immer im Leben, gilt es den richtigen Mittelweg zu finden.

*ZU WENIG KONTROLLE ENTTÄUSCHT, ZU VIEL KONTROLLE ENTMÜNDIGT.*

Die Frage muss also nicht lauten, ob kontrolliert wird, sondern wie. Bei Beachtung der folgenden Tipps (▸▸ **TIPP 67 BIS 73**) kann Kontrolle als etwas Hilfreiches und Selbstverständliches erlebt werden und statt zu frustrieren, sogar motivierend wirken.

## Tipp 67 Wählen sie eine der Situation entsprechend geeignete Kontrollart

Es gibt keine einzig richtige, sondern eine Vielzahl verschiedenartiger Kontrollverfahren. Wer stereotyp immer auf die gleiche Weise kontrolliert, wird nur selten der jeweiligen Situation gerecht werden.

Die verschiedenen Kontrollarten lassen sich nach drei Kriterien ordnen:

- Kontrollträger (*wer* kontrolliert?)
- Kontrollinhalt (*was* wird kontrolliert?)
- Kontrollintensität (*wie* häufig/genau wird kontrolliert?)

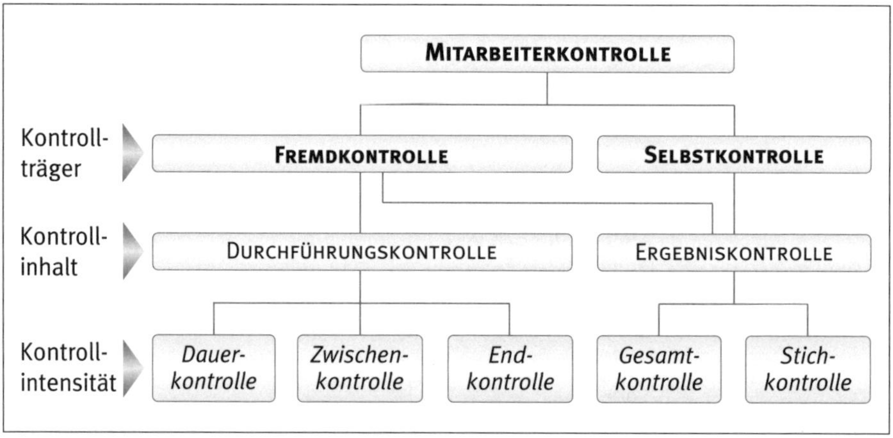


*Abb. VIII/2: Verschiedene Formen der Kontrolle*

Zwei Anmerkungen hierzu:

- Bei der Fremdkontrolle kann der Vorgesetzte selbst der Kontrolleur sein, aber auch ein von ihm Beauftragter.

- Statt der Bezeichnung „Durchführungskontrolle“ wird auch der Begriff „Überwachung“ verwendet. Allerdings weckt dieser Begriff im Allgemeinen besonders negative Gefühle.

## Tipp 68 Wägen Sie die Vor- und Nachteile der Kontrollarten ab

*Nicht gedankenlos oder gewohnheitsmäßig kontrollieren*

Will man seine Mitarbeiter in einem Klima der Arbeitszufriedenheit führen und gleichzeitig den größtmöglichen Nutzen für das Unternehmen erzielen, sollte man nicht gedankenlos oder gewohnheitsmäßig kontrollieren, sondern die Vielfalt dieses Instrumentariums nutzen.

> *FÜR DIE WAHL DER OPTIMALEN KONTROLLART SIND IN JEDEM EINZELFALL DIE POSITIVEN UND NEGATIVEN EFFEKTE DER SICH BIETENDEN ALTERNATIVEN GEGENEINANDER ABZUWÄGEN.*

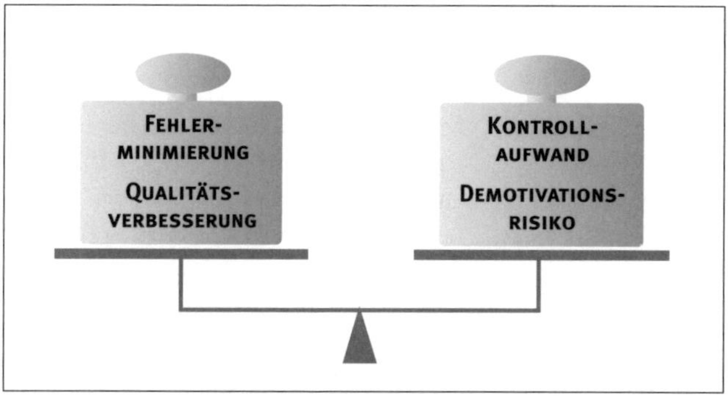


*Abb. VIII/3: Was wiegt schwerer: Die Notwendigkeit zu kontrollieren oder die Mitarbeitermotivation*

Als Entscheidungshilfe zeigt die umseitige Auflistung die typischen Effekte der einzelnen Kontrollarten.

*Es gibt keine Kontrollart, die sich in jeder gegebenen Situation optimal einsetzen lässt*

Es wird deutlich, dass es keine Kontrollart geben kann, die sich in jeder gegebenen Situation optimal einsetzen lässt. Je nach Art der Arbeitsaufgabe und Arbeitssituation können die einzelnen Auswahlkriterien mehr oder weniger schwer wiegend sein und sich die in der Übersicht aufgeführten Effekte unterschiedlich stark einstellen.

| Kriterium | Kontrollart | Mögliche positive Effekte | Mögliche negative Effekte |
|---|---|---|---|
| **Kontroll-träger** | **Fremdkontrolle** | Unvoreingenommenheit des Kontrolleurs | Gefühl des Misstrauens beim Mitarbeiter |
| | | umfassende Information des Vorgesetzten | Minderung des Verantwortungsbewusstseins |
| | | unverzügliches Eingreifen des Vorgesetzten | zusätzliche Kontrollperson und Erklärungsaufwand |
| | **Selbst-kontrolle** | motivierender Vertauensbeweis | „Blindheit" gegenüber eigenen Fehlern |
| | | geringstmöglicher Kontrollaufwand | Versuchung der Verharmlosung eigener Fehler |
| | | Eigeninitiative und sofortige Fehlerbeseitigung | präzisere Arbeitsvorgaben erforderlich |
| **Kontroll-inhalt** | **Durchführungs kontrolle** (auch Überwachung) | frühes Erkennen von Fehlern und Fehlentwicklungen | Verunsicherung durch wiederholte Kontrollen |
| | | auch Mängel einzelner Arbeitsschritte erkennbar | hoher Zeit- bzw. Personalaufwand |
| | | Erkennen von Möglichkeiten der Ablaufoptimierung | Tendenz zu formalistischen Ablaufregelungen |
| | **Ergebnis-kontrolle** | geringerer Zeitaufwand für die Kontrolle | spätes oder zu spätes Erkennen von Fehlern |
| | | relativ geringe Gefahr der Demotivierung | Nichtbeachtung von Ausführungsvorgaben |
| | | Ziel- und Ergebnisorientierung des Mitarbeiters | keine Erkenntnisse über Organisationsmängel |
| **Kontroll-intensität** *(bei Durchführungs-kontrolle)* | **Dauerkontrolle** | sofortiges Erkennen von Fehlern/Schwierigkeiten | Gefühl ständig überwacht zu werden |
| | | optimale Steuerungsmöglichkeiten für Vorgesetzten | extrem hoher Zeit- bzw. Personalaufwand |
| | | Schutz der Beschäftigten bei gefährlichen Arbeiten | sorgloses Arbeiten, geringe Eigenverantwortung |
| | **Zwischen-kontrolle** | gleiche Effekte, wie bei der Dauerkontrolle, jedoch entsprechend schwächer | |
| | **Endkontrolle** | wie vor, jedoch mit dem zusätzlichen Negativeffekt, dass bei mangelhafter Dokumentation eventuelle Durchführungsmängel nachträglich nicht mehr erkannt werden | |

| | | | |
|---|---|---|---|
| **Kontrollintensität** *(bei Ergebniskontrolle)* | **Gesamtkontrolle** | Gewährleistung der Fehlerfreiheit aller Endergebnisse | sehr hoher Kontrollaufwand |
| | | Chancen für lückenlose Nachbesserungen | Eindruck von Misstrauen oder sogar Schikane |
| | | hohe Kundenzufriedenheit durch fehlerfreie Endprodukte | Nachlassen der Arbeitssorgfalt wegen garantierter Nachprüfung und Korrektur |
| | **Stichkontrolle** | relativ geringer Kontrollaufwand | keine garantierte Fehlerfreiheit |
| | | Förderung der Mitarbeitermotivation | bei großen Intervallen zu geringe Fehlersicherheit |
| | | Erziehung zur Eigenverantwortung | Eindruck unsystematischer oder halbherziger Kontrolle |

Der bekannte Spruch *„Vertrauen ist gut, Kontrolle ist besser“* sollte daher eher lauten:

*Vertrauen ist gut, Kontrolle nicht immer.*

## Tipp 69 Kündigen Sie die Kontrolle rechtzeitig an

Überraschende Kontrollen geben den Mitarbeitern das Gefühl, sie sollten ertappt werden, und beeinträchtigen somit das Vertrauensverhältnis. Sie wirken auf Dauer verunsichernd, was die Fehlerhäufigkeit sogar noch steigern kann.

*Im Gegensatz zu Überraschungskontrollen verunsichern vereinbarte Kontrollen nicht*

Zuvor vereinbarte Kontrollen hingegen – möglichst schon mit dem Arbeitsauftrag oder im Rahmen eines Zielvereinbarungsgesprächs (▸▸ **Tipp 13, 87**) – versachlichen und bieten Chancen zur Selbstkontrolle sowie selbstständigen Fehlerkorrektur.

Verbietet sich die Ankündigung eines konkreten Kontrolltermins (z. B. bei der Kontrolle des Verhaltens gegenüber Kunden), sollte immerhin bekannt sein, dass überhaupt kontrolliert wird.

## Tipp 70 Begründen und erklären Sie Kontrollen

*Nur bei bekannten Kontrollmaßstäben werden Mitarbeiter Kontrollen als gerecht empfinden*

Bei der Ankündigung von Kontrollen sollten diese auch begründet und sollte das Kontrollverfahren offen gelegt bzw. erklärt werden. Dazu gehören vor allem der Kontrolltermin bzw. die Häufigkeit der Kontrollen und die Kontrollmaßstäbe. Nur dann können die Mitarbeiter sich bei ihren Arbeiten auf die Kontrollanforderungen einstellen und nur dann werden sie die Kontrollen als gerecht empfinden und akzeptieren. Dem Gefühl persönlicher Schikane wird vorgebeugt.

## Tipp 71 Kontrollieren Sie nur wirklich Wichtiges

*Kontrolle darf nicht in formale Prinzipienreiterei ausarten*

Kontrolle sollte stets angemessen und keine Prinzipienreiterei sein. Wer sich selbstständig handelnde und risikobereite Mitarbeiter wünscht, muss selbst bereit sein, vertretbare Risiken einzugehen und Mut zur Lücke beweisen (▸ **TIPP 47**). Faustformel ist:

*SO VIEL KONTROLLE WIE TATSÄCHLICH SINNVOLL UND NOTWENDIG, ABER SO WENIG WIE NOCH VERANTWORTBAR.*

Undifferenzierte Kontrollen können auch dazu führen, dass Mitarbeiter unangemessen viel Zeit für Minderwichtiges aufwenden, um möglichst viele positive Ergebnisse vorzuweisen.

*UNDIFFERENZIERTE KONTROLLEN FÖRDERN EIN KRITIKLOSES, NICHT AM GESAMTERFOLG ORIENTIERTES ARBEITEN.*

## Tipp 72 Suchen Sie nicht nur nach Fehlern

*Mitarbeiter dürfen nicht den Eindruck gewinnen, es sollten nur Fehler nachgewiesen werden*

Mitarbeiter dürfen nicht den Eindruck gewinnen, es sollten ihnen nur Fehler nachgewiesen werden. Vielmehr sollten auch Ergebnisse normaler Güte den Kontrollierten mitgeteilt und überdurchschnittlich gute ausdrücklich anerkannt werden.

*NEHMEN SIE DIE SICH BEIM KONTROLLIEREN BIETENDEN CHANCEN ZUR MOTIVATION WAHR (▸ TIPP 64, 66) UND GEBEN SIE (EHRLICH GEMEINTE) RÜCKMELDUNGEN!*

## Tipp 73 Schaffen Sie eine konstruktive Fehlerkultur

*Fehler als Chancen zum Erfahrungsgewinn sowie zur Qualitätsverbesserung verstehen*

Fehler sollten nicht dramatisiert werden, sondern als zwar bedauerliche, aber natürliche menschliche Unzulänglichkeiten gesehen werden (▸ **TIPP 91**). Den Mitarbeitern muss ein vertretbares Maß an Fehlern zugestanden werden, denn niemand ist unfehlbar.

Fehler sollten als Chancen zum Erfahrungsgewinn sowie zur Qualitätsverbesserung verstanden werden. Daher sollte man sich bei erkannten Fehlern nicht mit unproduktiver Suche nach den Schuldigen aufhalten, sondern sich auf die Ursachenermittlung und Fehlerkorrektur beschränken. Demotivierende Schuldzuweisungen schaden mehr als sie nützen können. Im Interesse des Gesamterfolgs gilt es ein Klima zu schaffen, das es den Mitarbeitern erleichtert, Fehler freiwillig zu bekennen und damit den Schaden begrenzen zu helfen.

*KONTROLLE SOLLTE NICHT VORRANGIG IM SINNE DER FEHLERSUCHE, SONDERN DER ERFOLGSBESTÄTIGUNG BETRIEBEN WERDEN.*

# IX Mitarbeiter beurteilen

## Grundlagen

*Wahrnehmung ist immer auch subjektive Bewertung*

Wenn wir etwas mit unseren Sinnesorganen wahrnehmen, ist das nicht nur ein völlig distanziertes Registrieren von Gegebenheiten, sondern handelt es sich stets um ein Erlebnis. Der physikalische Wahrnehmungsvorgang löst in uns zwangsläufig auch Assoziationen und Gefühle aus und lässt uns die Situation interpretieren und bewerten.

- Unser Gehirn verknüpft die neuen Informationen entsprechend seiner Programmierung bzw. unserer persönlichen Logik mit den bereits vorhandenen Gedächtnisinhalten.
- Dabei ergänzt es fehlende oder unverständliche Informationen durch anderweitig erworbene Kenntnisse bzw. mittels unserer Phantasie.
- Bewusst oder unbewusst messen wir das Wahrgenommene an unseren früheren Erlebnissen und den daraus gewonnenen Erfahrungen.

Auf diese Weise ziehen wir aus den Wahrnehmungen unsere Schlüsse und schaffen uns unsere individuelle Wirklichkeit. Die so entstehenden Wirklichkeitsauffassungen können daher von Beobachter zu Beobachter völlig unterschiedlich ausfallen.

*Es gibt keine wahre Wirklichkeit, sondern nur auf persönlichen Bewertungen beruhende individuelle Wirklichkeitsauffassungen.*

*Werturteile von Menschen über Menschen sind naturgemäß subjektiv*

Das gilt in besonderem Maß für Werturteile von Menschen über Menschen. Hierbei spielen neben den situativen Gegebenheiten und erfahrungsgeprägten Sichtweisen auch die aktuellen beziehungsbedingten Gefühle, das individuelle Rollenverständnis (▸▸ **Tipp 1 bis 4**) sowie das grundsätzliche Menschbild des Beurteilers eine wesentliche Rolle. Hinzu kommt, dass die Möglichkeiten, menschliches Verhalten umfassend zu beobachten, in aller Regel begrenzt sind.

*Es gibt keine objektive Mitarbeiterbeurteilung, sondern nur subjektive Werturteile des jeweiligen Beobachters.*

Dennoch ist es unverzichtbar, dass Führungskräfte ihre Mitarbeiter aus unterschiedlichen Anlässen hinsichtlich ihrer Fähigkeiten und Leistungen sowie ihres gesamten Verhaltens beurteilen:

*Mitarbeiterbeurteilungen sind unverzichtbar*

- bei der Auswahl von Bewerbern
- bei Entscheidungen über den Personaleinsatz
- für Beförderungsvorschläge
- zur Bemessung von Leistungsvergütungen
- bei der Auswahl für Weiterbildungsmaßnahmen
- beim Verfassen turnusmäßiger Beurteilungen
- zum Formulieren von Arbeitszeugnissen

Neben diesen formellen Beurteilungen muss sich ein Vorgesetzter nahezu täglich entscheiden, welchen Mitarbeitern er welche Aufgaben überträgt. Um optimale Arbeitsergebnisse zu erreichen, muss er also immer wieder ihre aktuelle Leistungsfähigkeit einschätzen.

*Täglich muss die aktuelle Leistungsfähigkeit von Mitarbeitern eingeschätzt werden*

Trotz des uneinlösbaren Anspruchs auf absolute Objektivität und reine Wahrheit bleibt nichts anderes übrig, als sich als Beurteiler nach besten Kräften darum zu bemühen, keine vermeidbaren Beurteilungsfehler zu machen und mit seinen Werturteilen der realen Arbeitssituation und dem Beurteilungsziel so nahe wie möglich zu kommen.

*Vermeidbare Beurteilungsfehler nach Möglichkeit ausschließen*

*Mitarbeiterbeurteilungen haben nur dann einen Sinn, wenn sie mit hinreichendem Realitätsbezug die für den jeweiligen Zweck notwendigen Aussagen liefern.*

## Tipp 74 Seien Sie sich der hohen Verantwortung bewusst

*Beurteilungen haben maßgeblichen Einfluss auf den Unternehmenserfolg und das Schicksal der Beurteilten*

Beurteilungen von Mitarbeitern und die darauf basierenden Personalentscheidungen haben maßgeblichen Einfluss

- auf die Arbeitsergebnisse und den Unternehmenserfolg,
- aber auch auf den Berufsweg der Beurteilten und damit Menschenschicksale.

Demzufolge übernimmt man als Beurteiler eine hohe Verantwortung und sollte seine Werturteile mit der gebotenen Sorgfalt fällen. Dazu sollte man folgende Hinweise berücksichtigen:

**Hinweise für das Ermitteln von Werturteilen**

- Möglichst viele Beobachtungsergebnisse berücksichtigen.
- Sich auf tatsächlich beobachtete und beurteilungsrelevante Sachverhalte beschränken.
- Sich an Beurteilungskriterien orientieren, die dem jeweiligen Beurteilungszweck gerecht werden (▸**TIPP 77**).
- Die im Beurteilungsbereich üblichen Wertmaßstäbe gleichmäßig anlegen.
- Seine persönlichen Klischeevorstellungen, Voreingenommenheiten oder momentanen Stimmungen relativieren (▸**TIPP 80**).
- Sich nicht durch frühere Beurteilungen, insbesondere aus anderen Bereichen beeinflussen lassen.
- Unmissverständliche Formulierungen wählen, um den Interpretationsspielraum so klein wie möglich zu halten.
- Seine spontanen Werturteile zunächst noch einmal distanziert überprüfen oder durch Mitbeurteiler überprüfen lassen und ggf. in Frage stellen (▸**TIPP 81**).
- Die Beurteilungsergebnisse nicht durch taktische Erwägungen verfälschen.

## Tipp 75 Schaffen Sie Mitarbeiterakzeptanz für Beurteilungen

*Beurteilungen berühren immer auch das Selbstwertgefühl*

Bei Mitarbeiterbeurteilungen geht es immer um das Bewerten menschlicher Eigenschaften und Verhaltensweisen. Sie berühren somit zwangsläufig die Selbstwertgefühle der Beurteilten. Daher ist die Gefahr groß, dass negativ empfundene Beurteilungen Enttäuschungen oder Auseinandersetzungen hervorrufen und das Zusammenarbeitsklima belasten.

Die Art des Beurteilungsverfahrens und dessen Handhabung durch die Beurteiler dürfen nicht dazu führen, dass Beurteilungen von den Mitarbeitern grundsätzlich abgelehnt werden.

*Hintergrund, vor dem Mitarbeiter Verständnis für Beurteilungen aufbringen*

Es ist die Aufgabe der Führung dafür zu sorgen, dass die Mitarbeiter Verständnis für Beurteilungen aufbringen, wenn die gewünschte Wirkung erzielt werden soll. Es muss den Mitarbeitern erkennbar gemacht werden, dass

- es sich nicht um reine Verwaltungsakte oder Prinzipienreitereien handelt,
- Beurteilungen nicht als Disziplinierungsinstrumente gedacht sind,
- Beurteilungen sich auf Merkmale beschränken, die für den Arbeitserfolg bedeutsam sind,
- sie sich an realistischen und zweckgerechten Maßstäben orientieren,
- der Verfahrensaufwand in einem vernünftigen Verhältnis zum Nutzen steht
- und Beurteilungen schließlich auch zu ihrem eigenen Nutzen sind.

*Maßnahmen, die Verständnis für Beurteilungen schaffen*

Im Einzelnen können folgende Maßnahmen zum Verständnis beitragen:

- Die Mitarbeiter in Gesprächen darüber aufklären, inwiefern Beurteilungen für den Arbeitserfolg wichtig sind.
- Den Nutzen für sie selbst aufzeigen, bewusst machen, dass Beurteilungen die Grundlage für eine gerechte Aufgabenverteilung, Entlohnung, Förderung und Beförderung bilden.
- Ein erfolgsorientiertes, transparentes und zur Unternehmenskultur passendes Beurteilungssystem einführen.
- Dafür sorgen, dass alle Beurteiler mit dem Verfahren und seinen Grundsätzen hinreichend vertraut gemacht werden.
- Die Beurteilungsfähigkeiten durch Weiterbildung verbessern.
- Auch den Mitarbeitern das Verfahren bekannt geben und erläutern.

- Alle Mitarbeiter gleichermaßen und in regelmäßigen Abständen beurteilen und sonst nur aus besonderen, verständlichen Anlässen.
- Mit einheitlichen und sachgerechten Bewertungsmaßstäben urteilen.
- Beurteilungen den Mitarbeitern unverzüglich bekannt geben und mit ihnen besprechen (▶▶ **TIPP 89 BIS 90**).

## Tipp 76 Verschiedene Beurteilungsarten dienen verschiedenen Zwecken

*Die für den Zweck geeignete Beurteilungsart wählen*

Je nachdem, welchem Zweck eine Mitarbeiterbeurteilung dienen soll, ist eine andere Beurteilungsart angebracht, sind unterschiedliche Beurteilungskriterien zu berücksichtigen und können andere Darstellungsformen geeignet sein. Im Wesentlichen unterscheidet man folgende Arten:

### BEWERBERBEURTEILUNG

*Auswahlentscheidung bei der Stellenbesetzung*

Sie ist das Ergebnis des Vorstellungs-(Einstellungs-)Gesprächs mit einem Bewerber um einen angebotenen Arbeitsplatz. Die Beurteilung dient der Auswahlentscheidung bei der Stellenbesetzung.

### PROBEZEITBEURTEILUNG

*Entscheidung, ob ein längerfristiger Arbeitsvertrag abzuschließen ist*

Sie trifft Aussagen über die erbrachten Leistungen und das Verhalten während der Probezeit bzw. Einarbeitung. Die Probezeitbeurteilung dient der Entscheidung, ob ein längerfristiger Arbeitsvertrag abzuschließen ist.

### REGELBEURTEILUNG

*Regelmäßige schriftliche Rückmeldungen an die Mitarbeiter über ihren momentanen Leistungsstand*

Regelbeurteilungen sind turnusmäßige schriftliche Beurteilungen, die unabhängig von aktuellen Anlässen in bestimmten Zeitabständen für alle Mitarbeiter gleichermaßen zu erstellen sind. Sie sollen den Mitarbeitern regelmäßig Rückmeldungen geben über ihren momentanen Leistungsstand sowie ihre Leistungsentwicklung und ihr Verhalten während des Beurteilungszeitraums. Die schriftlichen Beurteilungen sollten stets Anlass und Grundlage sein für ein Gespräch mit dem jeweiligen Beurteilten (▶ **TIPP 89**). Darüber hinaus können die Beurteilungen für die Personaleinsatzplanung herangezogen werden.

Potenzialbeurteilung

Eine Potenzialbeurteilung ist die von der aktuellen Arbeitsaufgabe weitgehend unabhängige Einschätzung persönlicher Fähigkeiten und Eigenschaften sowie deren Entwicklungsfähigkeit. Sie soll Prognosen liefern über die Verwendbarkeit des Mitarbeiters in anderen Tätigkeitsgebieten (z. B. bei der Besetzung von Beförderungsposten) sowie der Planung von Qualifizierungsmaßnahmen dienen.

*Einschätzung persönlicher Fähigkeiten und Eigenschaften sowie deren Entwicklungsfähigkeit*

## Tipp 77 Setzen Sie ein zweckgerechtes Beurteilungsverfahren ein

Es gibt eine Vielzahl unterschiedlicher Beurteilungsverfahren bzw. -systeme, die sich hinsichtlich ihrer Methoden und Darstellungsformen unterscheiden. In größeren Unternehmen sind im Allgemeinen einheitliche Beurteilungsregeln eingeführt, sodass die Führungskräfte der operationalen Unternehmensbereiche keinen Einfluss darauf haben. Dennoch ist es gut, die elementaren Unterschiede der gängigen Verfahren zu kennen, um mit ihnen sinnvoll umgehen zu können.

*Vielzahl unterschiedlicher Beurteilungsverfahren*

Hinsichtlich ihrer formalen Regeln lassen sie sich in drei Kategorien einteilen:

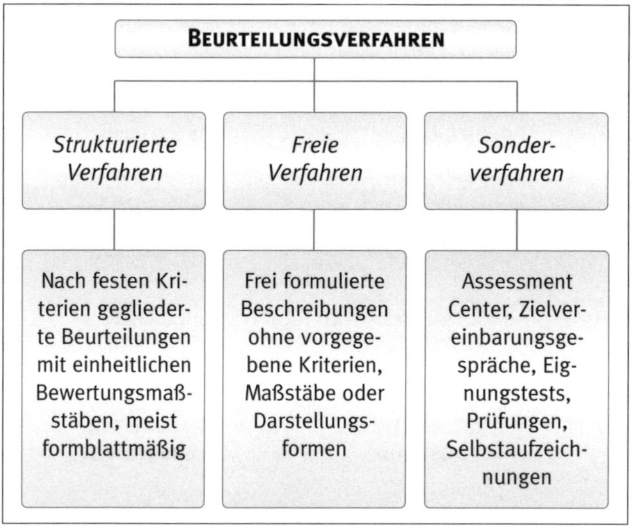


*Abb. IX/1: Formen von Beurteilungsverfahren*

*Welchem Zweck soll die Beurteilung dienen?*

Welche Verfahrensart man am besten wählt, hängt davon ab, welchem Zweck die Beurteilung dient und welchen Vorbereitungs- und Durchführungsaufwand dieser Zweck rechtfertigt.

## Tipp 78 Wählen Sie zielorientierte Bewertungskriterien

*Nach Leistungs-, Verhaltens- und Potenzialbeurteilungen unterscheiden*

Je nach Ziel und Zweck einer Mitarbeiterbeurteilung unterscheidet man zwischen Leistungs-, Verhaltens- und Potenzialbeurteilungen mit unterschiedlichen Beurteilungsinhalten bzw. -kriterien. Als Beurteilungs- bzw. Bewertungskriterien können dienen:

- die Mitarbeiterleistungen,
- das Mitarbeiterverhalten und/oder
- die Mitarbeitereigenschaften.

Die Beurteilungskriterien sind die Merkmale, zu denen inhaltliche Aussagen getroffen werden sollen. Daher muss sich die Wahl der Kriterien strikt am Ziel der jeweiligen Beurteilungsart ausrichten.

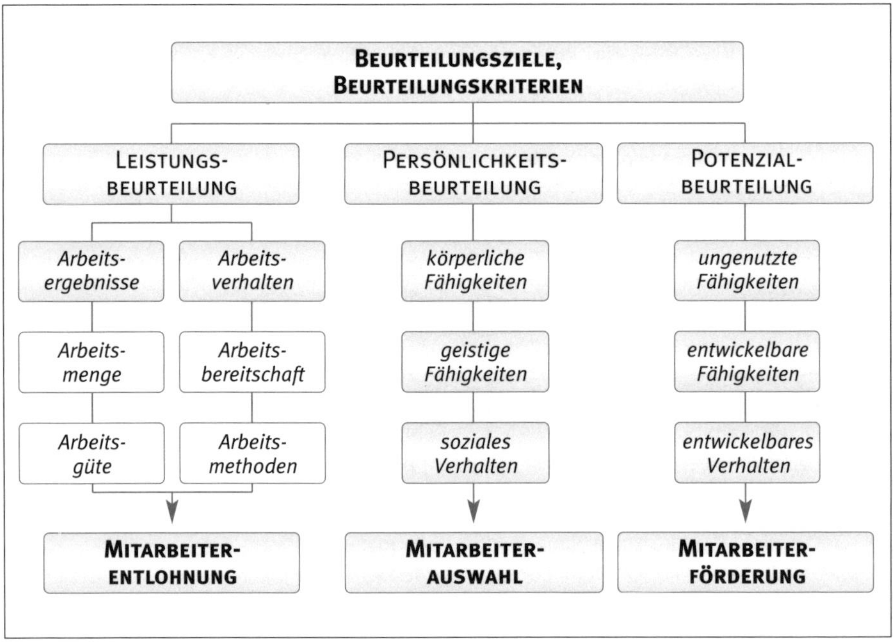


*Abb. IX/2: Die Art der Beurteilungskriterien hängt von den Beurteilungszielen ab*

Leistungs- und Persönlichkeitsbeurteilungen sind vergangenheitsorientiert, d.h. sie betrachten die Leistungen und das Verhalten während einer zurückliegenden Periode. Hingegen sind Potenzialbeurteilungen zukunftsorientiert. Sie liefern eine Prognose hinsichtlich der zu erwartenden Eignung für künftige Aufgaben.

*Leistungs- und Persönlichkeitsbeurteilungen sind vergangenheits-, Potenzialbeurteilungen zukunftsorientiert*

In der Praxis sind diese drei Grundarten allerdings nicht immer klar voneinander zu trennen. Beispielsweise liefern Leistungs- und Potenzialbeurteilungen auch wichtige Erkenntnisse für die Bewerberauswahl bei ausgeschriebenen Beförderungsposten und können Persönlichkeitsbeurteilungen die Grundlage für Fördermaßnahmen bilden. Daher sind die Beurteilungsverfahren in Unternehmen oft Mischformen der oben beschriebenen.

## Tipp 79 Nicht analysieren, sondern reflektieren

Sinn und Zweck einer Beurteilung sollte nicht darin bestehen, die Persönlichkeit des Mitarbeiters zu analysieren oder ihn in ein starres Werteschema einzuordnen. Traditionelle Beurteilungsverfahren dieser Art vernachlässigen

- die verschiedenartigen Beurteilungsziele,
- die unterschiedlichen Beurteilungssituationen,
- die Subjektivität des Beurteilers sowie
- die Komplexität der Mitarbeiterpersönlichkeit.

Vielmehr muss es darum gehen, dem Mitarbeiter eine Rückmeldung (Feedback) zu geben, wie seine Leistungen und sein Verhalten vom Vorgesetzten wahrgenommen wurden und inwieweit sie den Erwartungen entsprachen. Diese Information ist für ihn wichtig, weil er sich möglicherweise selbst ganz anders sieht und daher das Verhalten des Vorgesetzten ihm gegenüber (und vielleicht auch das seiner Kollegen) nicht einordnen und akzeptieren kann. Es ist nur allzu menschlich, wenn Selbstbild und Fremdbild nicht immer übereinstimmen.

*Rückmeldung geben, wie Mitarbeiterleistungen und -verhalten vom Vorgesetzten wahrgenommen wurden*

Dabei ist nicht auszuschließen, dass die Beobachtungen des Vorgesetzten lückenhaft waren und es sich bei seinen Beurteilungsergebnissen lediglich um sehr subjektiv gefärbte Bewertungen dieser begrenzten Wahrnehmungen handelt.

Umso wichtiger ist es, dass dem Beurteilten spätestens im Beurteilungsgespräch (▸ **TIPP 89**) die Gelegenheit gegeben

*Gelegenheit, zu den Bewertungen Stellung zu nehmen*

wird, zu den Bewertungen Stellung zu nehmen und auf eventuelle Beobachtungsmängel oder vermeintliche Fehleinschätzungen hinzuweisen.

*Regeln für das Feedback an den Mitarbeiter*

Damit ein Feedback vom Mitarbeiter angenommen wird und die gewünschte aufbauende Wirkung erzielen kann, sind einige Grundregeln zu beachten. Rückmeldungen sollten

- möglichst wertfreie Beschreibungen sein,
- sich auf konkrete und aktuelle Erkenntnisse beschränken,
- die Persönlichkeit des Beurteilten respektieren sowie
- fair und angemessen sein.

## Tipp 80 Lassen Sie sich nicht von Vorurteilen leiten

*Vorschnelle Bewertungen auf Grund von Verallgemeinerungen*

„Vor-urteile“ (auch „Stereotype“ genannt) sind „vor-schnelle“ Bewertungen auf Grund von Verallgemeinerungen. Sie können dazu führen, dass wir

- von falschen Voraussetzungen ausgehend Fehlentscheidungen treffen,
- für andere Personen kein Verständnis aufbringen und/oder
- andere ungerecht behandeln.

Vorurteile stehen einer realistischen Wahrnehmung oft im Wege und führen zu Fehleinschätzungen. Ein Beispiel sind unsere Sehgewohnheiten. Betrachtet man das unten stehende Foto, so wird man spontan meinen, der Abdruck des Fossils links sei nach innen gewölbt und der rechte sei erhaben. Dreht man dagegen das Buch um 180° herum, scheint es genau umgekehrt. Begründung: Da wir von Geburt an gewöhnt sind, dass das Sonnenlicht von oben her einfällt, deuten wir auch zweidimensionale Abbildungen entsprechend und erwarten das Licht von links oben und den Schatten entsprechend unten.

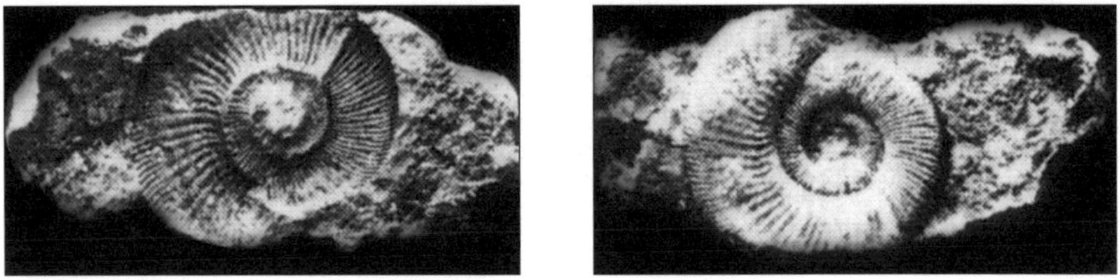

*Abb. IX/3: Lichteinfall: Ein Beispiel für vorgeprägte Sehgewohnheiten*

Überträgt man dieses Beispiel auf den sozialen Bereich, sind hier die „Sehgewohnheiten" bestimmte Klischeevorstellungen, die uns oftmals zu Vorurteilen verleiten. Wir interpretieren unsere Wahrnehmungen aufgrund früherer Erfahrungen und sind fest davon überzeugt, die aktuelle Wirklichkeit zu erkennen. Erst bei kritischerer Betrachtung der Situation oder wenn jemand unsere Betrachtungsweise in Frage stellt, erkennen wir, wie fragwürdig unser erster Eindruck war. Oder wie wir ja auch bildhaft sagen: Erst durch die Betrachtung aus verschiedenen „Blickwinkeln" oder aus einer anderen „Perspektive" erhalten wir die zusätzlichen Informationen, um der Realität näher zu kommen.

*Klischeevorstellungen von anderen Personen oder Gruppierungen*

Vorurteile entstehen jedoch nicht nur durch das Verallgemeinern eigener Erfahrungen, sondern werden auch durch die Klischeevorstellungen geprägt, die wir von anderen Personen oder Gruppierungen (Rassen, Berufsgruppen, Glaubensgemeinschaften usw.) übernehmen.

Das Gleiche gilt in verstärktem Maß für das Wahrnehmen von Personen. Hier spielt nicht nur die äußere Wahrnehmung eine Rolle, sondern auch die gesamten nichtsichtbaren Persönlichkeitsmerkmale sind für unsere Beurteilung maßgebend: Art der Stimme und Sprechweise, Meinungs- und Gefühlsäußerungen und vieles mehr. Ständig sammeln wir Erfahrungen im Umgang mit den unterschiedlichsten Menschentypen. Begegnen wir nun jemandem, der in seinen Verhaltensweisen oder äußeren Merkmalen Ähnlichkeiten mit einer uns bekannten Person aufweist, so werden wir ihm zunächst – bewusst oder unbewusst – auch die übrigen Eigenschaften der bekannten Person zuordnen. Haben wir mit der ähnlichen Person entweder gute oder schlechte Erfahrungen gemacht und haben sie somit sympathisch bzw. unsympathisch in Erinnerung, so neigen wir dazu, die neue Bekanntschaft zunächst ebenso einzuordnen. Wir lassen uns also von einem Vorurteil leiten, wir „vor-verurteilen" den Betreffenden sozusagen.

*Die Wahrnehmung von Personen ist immer schon vorgeprägt*

Verhalten wir uns dann dieser Person gegenüber, geprägt durch unser Vorurteil, deutlich positiv bzw. negativ, so erzeugt das beim anderen logischerweise die entsprechenden Reaktionen, was wiederum unsere erste Einschätzung zu bestätigen scheint. Man nennt diesen Vorgang auch die sich selbst erfüllende Vorhersage.

*BEISPIEL: Ein Vorgesetzter hat hinsichtlich der Sorgfalt bei der Arbeit mit älteren Mitarbeitern besonders gute, mit jüngeren dagegen manchmal schlechte Erfahrungen gemacht. Demzufolge wird er einem jungen Mitarbeiter gegenüber eher kritisch eingestellt sein und ihn besonders aufmerksam kontrollieren. Das verunsichert den Mitarbeiter und lässt ihn vermehrt Fehler machen, was das Vorurteil des Vorgesetzten verstärkt.*

*WILL MAN ZU EINER WEITGEHEND WIRKLICHKEITSNAHEN BEURTEILUNG KOMMEN, IST ES WICHTIG, SICH SEINER EIGENEN VORURTEILE BEWUSST ZU WERDEN.*

*Spontanes Ersturteil überprüfen und gegebenenfalls relativieren*

Hat man den Verdacht, man habe sich bei einer Mitarbeitereinschätzung zu sehr von einem Vorurteil leiten lassen, so gilt es, sein spontanes Ersturteil zu überprüfen oder überprüfen zu lassen und es gegebenenfalls zu relativieren.

## Tipp 81 Relativieren Sie starre Wertvorstellungen

*Übertragung eigener Wertvorstellungen auf andere*

Erziehung, Normen des menschlichen Umfelds sowie persönliche Lebenserfahrungen lassen in uns bestimmte Wertvorstellungen wachsen. Je mehr sie sich in uns verfestigt haben, desto mehr neigen wir dazu, diese Maßstäbe auch an andere Menschen anzulegen und abweichendes Verhalten negativ zu bewerten. Ähnlich wie Vorurteile erschweren diese persönlichen Wertmaßstäbe eine halbwegs objektive, zutreffende Personeneinschätzung.

*BEISPIEL: Wenn wir selber saloppe Kleidung bevorzugen, sind wir bereit, sie auch bei anderen zu tolerieren und bewerten sie eher positiv. Wir deuten sie möglicherweise als einen Ausdruck freier Denkungsart oder besonderen Selbstbewusstseins.*

*Vor dem Hintergrund eigener Erfahrungen und Wertvorstellungen nehmen wir selektiv wahr*

Erschwerend kommt hinzu, dass wir dazu neigen, nur das wahrzunehmen, was unseren Erfahrungen und Wertvorstellungen entspricht. Hingegen blenden wir gerne diejenigen Wahrnehmungen aus, die zu diesen Denkmustern im Widerspruch stehen. Daher sind unsere Beobachtungen stets mehr oder weniger selektierend (auswählend). Wir sehen also gewissermaßen nur das, was wir sehen wollen. Letztlich ist das ein Schutzmechanismus, der dafür sorgt, dass wir auch angesichts einer Fülle widersprüchlicher oder nur schwer in unsere persönlichen Vollzüge einordbaren Eindrücke handlungsfähig bleiben.

*Beispiel: Ein Verliebter registriert einerseits dankbar jedes Zeichen der Zuneigung seiner Angebeteten. Andererseits nimmt er bei ihr manche, ihn im Allgemeinen störende Angewohnheiten nicht wahr.*

## Tipp 82 Kalkulieren Sie immer das aktuelle Rollenverhalten ein

Je nach Lebenssituation empfinden wir uns in unterschiedlichen Rollen und verhalten uns entsprechend. Jeder von uns versucht, sich (bewusst oder unbewusst) so darzustellen, wie es den eigenen Erwartungen und denen anderer, uns wichtiger Personen entspricht.

*Je nach Situation nehmen wir unterschiedliche Rollen ein*

Dieses Rollenverhalten kann durchaus im völligen Widerspruch zu den grundsätzlichen Einstellungen und tatsächlichen Gefühlen stehen und von Situation zu Situation wechseln. Entsprechend schwierig ist es, bei anderen Menschen zu erkennen, wie sie „normalerweise“ sind oder sich momentan tatsächlich fühlen.

*Beispiel: In Anwesenheit seines Abteilungsleiters benimmt sich ein Mitarbeiter ausgesucht freundlich und zuvorkommend, führt sich jedoch gegenüber seinem Gruppenführer ziemlich arrogant auf und legt sich ständig mit seinen Kollegen an. Wenn es dann im Rahmen einer Beurteilung um das Mitarbeiterverhalten geht, wird der Abteilungsleiter wohl schwerlich zu einer allgemein gültigen Bewertung kommen können.*

## Tipp 83 Lernen Sie typische Beurteilungsfehler kennen und vermeiden

Vor dem Hintergrund von Vorurteilen und Klischeevorstellungen (▸ **Tipp 80**), individuellen Wertvorstellungen (▸ **Tipp 81**), selektiver Wahrnehmung (▸ **Tipp 81**) und aktuellem Rollenverhalten (▸ **Tipp 82**) gibt es bei der Beurteilung von Mitarbeitern eine Reihe von Fehlerquellen, die nicht nur den Nutzen einer Beurteilung in Frage stellen, sondern auch erheblichen Schaden anrichten können.

*Fehlbeurteilungen können erheblichen Schaden anrichten*

Fehlbeurteilungen können

- zu falschen Personalentscheidungen mit hohen Folgekosten führen,
- Beurteilte demotivieren und damit Leistungsminderungen bewirken,
- in extremen Fällen Kündigungen oder sogar Sabotageakte auslösen.

*Kenntnis der typischen Beurteilungsfehler kann gravierenden Fehleinschätzungen vorbeugen*

Als Führungskraft sollte man daher die typischen Quellen für Beurteilungsfehler kennen, um gravierenden Fehleinschätzungen vorbeugen zu können. Es gibt drei unterschiedliche Arten von Fehlerquellen:

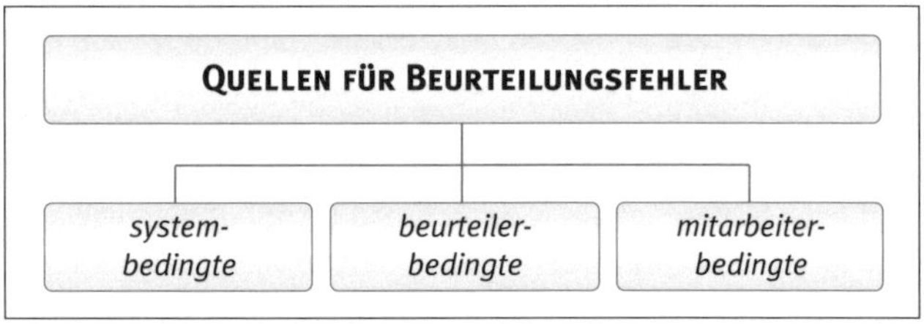


*Abb. IX/4: Beurteilungen unterliegen unterschiedlichen Fehlerquellen*

## Systembedingte Fehlerquellen

### Geringe Beobachtungsmöglichkeiten

Insbesondere dann, wenn Mitarbeiter örtlich getrennt vom Vorgesetzten arbeiten (z.B. Mitarbeiter auf verschiedenen Baustellen, Außendienstler, Arbeiter im Schichtdienst), hat dieser entsprechend selten die Gelegenheit, die Arbeitsweisen und das Verhalten seiner Mitarbeiter direkt zu beobachten. Ähnlich problematisch ist es, wenn der Vorgesetzte wegen großer Mitarbeiterzahl oder starker eigener Belastung durch Sachaufgaben sich den einzelnen Mitarbeitern nicht genügend widmen kann.

*Jede sich bietende Gelegenheit wahrzunehmen, die Mitarbeiter am Arbeitsplatz aufzusuchen*

Gerade dann ist es wichtig, jede sich bietende Gelegenheit wahrzunehmen, um die Mitarbeiter am Arbeitsplatz aufzusuchen und sich – wenn auch selten – trotz der knappen Zeit in regelmäßigen Abständen stichprobenartig von ihren Arbeitsergebnissen zu überzeugen (▶ **Tipp 64 bis 73**). Gibt es zwischengeschaltete Führungskräfte, sind diese bei der Beurteilung unbedingt hinzuzuziehen oder sollte man sich völlig auf deren Bewertungen verlassen. Statt eine unzutreffende Beurteilung zu verfassen, sollte man notfalls unter Hinweis auf die fehlenden Beobachtungsmöglichkeiten gänzlich darauf verzichten, ein Urteil abzugeben. Vor allem gilt es, mit negativen Aussagen sehr zurückhaltend zu sein.

*Mit negativen Aussagen sehr zurückhaltend sein*

### Fehlende Vergleichsmöglichkeiten

Hat ein Mitarbeiter Aufgaben wahrzunehmen, die erstmalig oder nur in seinem persönlichen Arbeitsgebiet vorkommen, ist es schwierig objektive Leistungsmaßstäbe anzulegen.

Hier können nur Vergleiche mit Arbeiten weiterhelfen, die einen ähnlichen Schwierigkeitsgrad aufweisen und ähnlich hohe Anforderungen hinsichtlich der Anstrengungsbereitschaft stellen. Lassen sich die zu beurteilenden, bisher erbrachten Leistungen dokumentieren, können wenigstens nach der nächsten Beurteilungsperiode Vergleiche angestellt und begründbare Aussagen über die Leistungsentwicklung getroffen werden.

*Vergleiche mit Arbeiten, die einen ähnlichen Schwierigkeitsgrad aufweisen*

### Mangelnde Profilierungsmöglichkeiten

Es gibt Arbeiten, die den Ausführenden wenig Chancen zur persönlichen Profilierung bieten. Sei es, weil es unspektakuläre Routinearbeiten sind, die keine besondere Aufmerksamkeit wecken, sei es, weil sie wenig Anlässe zu Gesprächen mit ihrem Vorgesetzten bieten. Es handelt sich dabei oft um Mitarbeiter, die fleißig und zuverlässig ihre Arbeit verrichten, aber kaum wahrgenommen werden. Sie werden bei Beurteilungen meist durchschnittlich bewertet und bei (Be-)Förderungsmaßnahmen leicht übersehen.

Auch diesen Mitarbeitern sollte man als Vorgesetzter die gleiche Aufmerksamkeit schenken wie allen anderen und bei Beurteilungen ihre kontinuierliche Arbeitsweise und Zuverlässigkeit besonders würdigen.

*Kontinuierliche Arbeitsweise und Zuverlässigkeit besonders würdigen*

### Verfälschende Ereignisse oder Arbeitsbedingungen

Sowohl herausragende Ereignisse (z. B. folgenschwere Fehler, einmalige aber längere Erkrankungen) als auch untypische Arbeitsbedingungen (z. B. extreme, aber kurzzeitige Belastungen) können ein Beurteilungsergebnis im negativen wie positiven Sinn verfälschen. Besonderheiten prägen sich naturgemäß besonders stark ein und können dazu verleiten, das Einmalige als Normalität einzuordnen. Auch können aktuelle Ereignisse frühere aus der Erinnerung verdrängen, sodass das Beurteilungsergebnis nicht auf die gesamte Beurteilungsperiode zutrifft.

*Sind die zur Beurteilung herangezogenen Einzelfälle repräsentativ?*

Um diese Einflüsse zu relativieren, ist zu überdenken, ob sich der Mitarbeiter in der Vergangenheit oder unter andersartigen Bedingungen ähnlich verhalten hat. Man sollte sich fragen, ob die zur Beurteilung herangezogenen Einzelfälle repräsentativ sind.

#### Fehlende einheitliche Bewertungskriterien und -Maßstäbe

Sind im Unternehmen keine einheitlichen Beurteilungsregeln festgelegt, kommt es zu unvergleichbaren Beurteilungen mit unterschiedlichem und schwankendem Bewertungsniveau. Das verunsichert die Beurteiler und irritiert die Beurteilten. Bei Vergleichen untereinander fühlt sich dann so mancher Mitarbeiter ungerecht eingestuft.

*Einheitliche Kriterien und Bewertungsmaßstäbe erlauben die Vergleichbarkeit von Beurteilungsergebnissen*

Als Beurteiler sollte man immer wieder auf dieses Dilemma hinweisen und auf einheitliche Vorgaben drängen. Auf alle Fälle sollte man in seinen eigenen Beurteilungsbereich nach einheitlichen Kriterien und Bewertungsmaßstäben verfahren.

#### Unzweckmäßiges Beurteilungsverfahren

Von manchen Unternehmen wurden unkritisch und mangels Fachkunde beliebige Beurteilungsverfahren aus Büchern übernommen oder eigene entworfen, die jedoch den unternehmensspezifischen Gegebenheiten oder denen einzelner Unternehmensbereiche nicht gerecht werden.

Hier gilt sinngemäß das vorstehend Gesagte. Als Beurteiler sollte man auf Nachbesserungen bzw. individuelle Anpassungen drängen, damit die Beurteilungen den erwarteten Nutzen erbringen können und nicht sogar Schaden anrichten.

### Beurteilerbedingte Fehlerquellen

#### Erster Eindruck

*Vorurteile prägen den ersten Eindruck von einem Menschen ganz entscheidend*

Vorurteile und Klischeevorstellungen (▶ **Tipp 80**) prägen den ersten Eindruck, den wir von einem Menschen gewinnen, ganz entscheidend und wirken auf unsere Personeneinschätzung noch sehr lange nach. Insbesondere die Einordnung in

„sympathisch" oder „unsympathisch" kann sich unkontrolliert auf eine spätere Mitarbeiterbeurteilung auswirken. Nicht ohne Grund sagt man: *„Der erste Eindruck ist entscheidend."*

Man sollte sich immer wieder vor Augen führen, dass der erste Eindruck stets auf viel zu wenig Informationen beruht, als dass man über einen Menschen ein begründetes Werturteil abgeben kann. Immer wenn einem ein Mitarbeiter besonders sympathisch oder unsympathisch ist, sollte man eine entsprechend gute oder schlechte Beurteilungsnote selbstkritisch hinterfragen. Auch sollte man sich immer dann, wenn man zu einer besonders guten oder schlechten Bewertung neigt, die Frage vorlegen, ob diese Einschätzung tatsächlich auf Beobachtungen beruht und nicht durch ein Vorurteil gefärbt ist. Im Zweifel sollte man einen neutralen Mitbeurteiler hinzuziehen.

*Offensichtlich auf Sympathie begründete Beurteilungen selbstkritisch hinterfragen*

### Übernommene Einschätzungen

Man kann sich nur schwer dagegen wehren, sich durch vorangegangene eigene Beurteilungen oder die anderer beeinflussen zu lassen.

*Sich nicht von alten Beurteilungen oder denen anderer beeinflussen lassen*

Beim Lesen früherer Beurteilungen ist jedoch stets zu berücksichtigen, dass sie unter völlig anderen äußeren Bedingungen oder bei einer anderen seelischen bzw. körperlichen Verfassung des Mitarbeiters zustande gekommen sein können. Möglicherweise hat der Mitarbeiter auch inzwischen seine Fähigkeiten verbessert oder hat sich seine Motivation geändert. Dennoch kann es sinnvoll sein, frühere Beurteilungen zur Kenntnis zu nehmen, um sich selbst zu kontrollieren und eventuelle Fehleinschätzungen zu erkennen.

### Eigene Subjektivität

Jeder hat naturgemäß seine durch Lebenserfahrungen gewonnenen individuellen grundlegenden Wertvorstellungen und Leistungsmaßstäbe, aber auch situationsbedingte Stimmungen und Gefühle.

Um zu übertragbaren und zweckdienlichen Beurteilungen zu kommen, sollte man seine persönlichen Beurteilungsmaßstäbe immer wieder überprüfen. Handelt es sich hier um extreme eigene Wertvorstellungen oder sind sie mit den allgemeingültigen bzw. vom Unternehmen vorgegebenen weitgehend in Übereinstimmung und werden sie der vorliegen-

*Seine persönlichen Beurteilungsmaßstäbe immer wieder überprüfen*

den Beurteilungssituation und dem Beurteilungszweck gerecht? Auch kann es hilfreich sein, die Durchschnittsnoten der selbst verfassten Beurteilungen mit denen anderer Beurteiler zu vergleichen. Allerdings sollte das nicht dazu verleiten, sich dem Niveau anderer unkritisch anzugleichen. Es kann durchaus der Fall sein, dass in anderen Mitarbeitergruppen ein abweichendes Leistungsniveau herrscht oder gänzlich andere Anforderungen gestellt werden.

*Die eigene Beurteilung mit der anderer vergleichen*

### Selektierende Wahrnehmung

Ohne dass wir uns dessen bewusst sind, verarbeitet unser Gehirn Wahrnehmungen, die bereits vorhandenen Gedächtnisinhalten entsprechen leichter, als solche, die den gemachten Erfahrungen widersprechen (▶ **Tipp 80 bis 81**). Demzufolge sehen wir vorrangig das, was uns bekannt ist und was wir gerne sehen, und blenden manchmal Unerwünschtes aus.

Dieses selektierende Wahrnehmen steht einer realitätsorientierten Beurteilung im Wege. Daher sollte man sich immer wieder fragen, ob man nicht irgendwelche beurteilungsrelevanten Sachverhalte übersehen haben könnte und auch die Wahrnehmungen anderer zur Kenntnis nehmen.

*Selektive Wahrnehmeung verstellt den „objektiven“ Blick auf die Realität*

### Überstrahlung auf andere Kriterien

Haben wir an einem Mitarbeiter ein besonders auffälliges Persönlichkeitsmerkmal festgestellt oder zeigt er bei bestimmten Arbeiten über- oder unterdurchschnittliche Leistungen, so sind wir geneigt, ihn auch bezüglich anderer Beurteilungskriterien ähnlich positiv oder negativ einzuschätzen.

*Von einem bekannten Persönlichkeitsmerkmal auf andere schließen*

Daher ist es wichtig, gemachte Beobachtungen ganz bewusst nur den passenden Beurteilungskriterien zuzurechnen, beziehungsweise sich bei jedem einzelnen Beurteilungskriterien erneut zu fragen, ob es dazu relevante Beobachtungen oder Arbeitsergebnisse gibt.

### Projizierung eigener Eigenschaften

Manche Vorgesetzte neigen dazu, ihre eigenen Neigungen und Absichten, Stärken oder Schwächen auch in ihre Mitarbeiter hineinzudeuten. Sobald sie gewisse Ähnlichkeiten zu erkennen glauben, nehmen sie diese ganz besonders sensibel auf und beurteilen den Betreffenden in diesen Punkten besonders positiv oder auch negativ. Manchmal handelt es

*Von sich auf andere schließen*

sich dabei um verdrängte eigene Schwächen oder als besonders schmerzlich empfundene Defizite des Beurteilers.

Man kann derartigen Projektionsvorgängen entgegenwirken, indem man sich ab und zu bewusst macht, ob man bestimmte eigene Stärken oder Schwächen aus ganz persönlichen Gründen besonders aufmerksam wahrnimmt.

#### Strategische Verfälschungen

*Gründe für fahrlässige oder sogar vorsätzlich falsche Beurteilungen*

Es gibt verschiedene Gründe, warum Vorgesetzte manchmal fahrlässig oder sogar vorsätzlich falsche Beurteilungen verfassen:

- Übernehmen früherer Beurteilungen aus Bequemlichkeit, obwohl diese keinen aktuellen Bezug mehr haben
- Gleichmacherei oder Schönfärberei aus Scheu vor Konflikten oder wegen überzogenen Harmoniestrebens
- mehrdeutige oder schwammige Formulierungen, um unangreifbar zu sein
- bewusst unterwertige Beurteilungen, um nützliche Mitarbeiter nicht durch Beförderung zu verlieren
- Gefälligkeitsbeurteilungen, um unbequeme oder unfähige Mitarbeiter per Beförderung abgeben zu können
- gezielte Bevorzugungen bzw. Benachteiligungen aus persönlichen Gründen

*Eindeutige Pflichtverletzungen, die eine Führungskraft disqualifizieren*

Derartige Beurteilerpraktiken sind eindeutige Pflichtverletzungen und disqualifizieren die Führungskraft. Abgesehen davon, dass auf diese Weise menschliches Leid verursacht werden kann, bieten solche Beurteilungen keine Grundlage für sinnvolle Personalmaßnahmen. Sie sind schlicht unternehmensschädigend.

### Mitarbeiterbedingte Fehlerquellen

#### Rollenverhalten

*Orientierung des eigenen Verhaltens an den Erwartungen anderer*

Bewusst oder unbewusst zeigen Menschen je nach Situation ein unterschiedliches Rollenverhalten (▶ **Tipp 82**). Je nachdem, wie wir gesehen werden wollen oder wir meinen, wie uns andere sehen wollen, orientieren wir unser Verhalten mehr oder weniger an diesen Erwartungen. Selbstverständlich gilt das auch für Mitarbeiter: Um eine möglichst günstige Beurteilung zu bekommen, zeigen sie im Beisein ihres Vorgesetzten ein möglichst wunschgemäßes Verhalten. Sie arbeiten besonders fleißig und sind gegenüber Kunden erfreulich höflich und hilfsbereit. Nicht immer entspricht das jedoch ihrem unbeobachteten Arbeitsverhalten. Wobei es sich dabei nicht um gezielte Unaufrichtigkeit handeln muss, sondern auch unbewusstes Anpassen sein kann.

*Sich nicht nur an einigen wenigen Beobachtungen orientieren*

Um dennoch zu realistischen Beurteilungen zu kommen, reicht es nicht aus, sich an einigen wenigen Beobachtungen zu orientieren. Je häufiger und in je unterschiedlicheren Situationen man Mitarbeiter beobachtet, umso eher lässt sich deren Normalverhalten erkennen. Je ranghöher der Beurteiler gegenüber dem Beurteilten ist, desto stärker ist der Rolleneffekt. Deshalb ist es wichtig, die Einschätzungen der unmittelbaren Vorgesetzten einzubeziehen.

### Selbstdarstellungsbedürfnisse

Manche Mitarbeiter haben einen besonders starken Mitteilungs- oder Selbstdarstellungsdrang. Sie nehmen jede Gelegenheit wahr, um mit dem Vorgesetzten ins Gespräch zu kommen, über sich zu sprechen und ihre (guten) Arbeitsergebnisse herauszustellen. Es muss sich dabei nicht um bewusste Täuschungsversuche handeln, sondern kann einem gewohnheitsmäßigen Kommunikationsverhalten entspringen.

*Extrovertierte Mitarbeiter nicht besser bewerten als introvertierte*

Wie auch immer, kann es dazu führen, dass der Vorgesetzte über einen derartigen Mitarbeiter mehr Positives erfährt als über andere und er ihn möglicherweise entsprechend besser beurteilt. Hier gilt es, sich die Effekte eines solchen Kommunikationsverhaltens bewusst zu machen und die eigene spontane Bewertung der Leistungen und des Verhaltens dieses Mitarbeiters zu relativieren.

### Introvertiertheit

Der genau entgegengesetzte Effekt tritt ein, wenn ein Mitarbeiter ausgesprochen introvertiert oder bescheiden ist. Das kann auch damit einhergehen, dass der Mitarbeiter echte Schwierigkeiten hat, sich zu artikulieren. Er bietet dem Vorgesetzten wenig Chancen, die erbrachten Arbeitsleistungen wahrzunehmen und zu würdigen.

*Auch das Gespräch mit zurückhaltenden Mitarbeitern suchen*

Um auch einen derartigen Mitarbeiter gerecht beurteilen zu können, ist es erforderlich, besonders häufig das Gespräch mit ihm zu suchen, sich nach seinen Arbeiten zu erkundigen und ihn zu ermutigen, über sich selber sowie seine gemachten Erfahrungen, Wünsche und Sorgen zu sprechen.

Täuschungsmanöver

*Unaufrichtige Mitarbeiter, die den Vorgesetzten bewusst täuschen*

Es kommt aber auch vor, dass Mitarbeiter unaufrichtig sind und versuchen, den Vorgesetzten bewusst zu täuschen. Das kann reichen vom Vortäuschen von Arbeitsaktivitäten und Arbeitserfolgen, Vertuschen von Fehlern, Terminüberschreitungen bzw. Leistungsdefiziten bis hin zum Schlechtmachen oder Anschuldigen von Kollegen. Liegt der Verdacht nahe, dass es sich um einen Mitarbeiter dieser Sorte handelt, ist eine besonders aufmerksame Beobachtung seines Verhaltens und eine regelmäßige Kontrolle seiner Arbeiten notwendig. Ebenso wie es zu vermeiden gilt, dass ein Mitarbeiter zu schlecht beurteilt wird, gebietet es die Gerechtigkeit, negatives Mitarbeiterverhalten nicht zu beschönigen.

*Regelmäßige Kontrolle notwendig*

## Tipp 84 Beugen Sie Fehlbeurteilungen rechtzeitig vor

*Schon das tägliche Führungsverhalten kann Fehlbeurteilungen vorbeugen*

Manche negativen oder falschen Beurteilungen lassen sich schon durch das tägliche Führungsverhalten und vorsorgende Maßnahmen vermeiden:

**So beugen Sie im Arbeitsalltag Fehlbeurteilung vor**

- Arbeitsziele und -aufgaben unmissverständlich vereinbaren und begründen.
- Dabei die Leistungsanforderungen und -maßstäbe klar machen (▸ **Tipp 11 bis 15**).
- Jede Gelegenheit zum Gespräch mit Mitarbeitern über deren Arbeiten nutzen (▸ **Tipp 85 bis 91**).
- Arbeiten rechtzeitig kontrollieren bzw. sich Rückmeldungen geben lassen (▸ **Tipp 64 bis 73**).
- Erkannte Fehlentwicklungen oder Mängel unverzüglich besprechen (▸ **Tipp 91**).
- Bei offenkundigen Überforderungen rechtzeitig für Unterstützung sorgen.
- Sich beurteilungsrelevante Beobachtungen vormerken.

# X MITARBEITERGESPRÄCHE FÜHREN

## Grundlagen

Die guten Absichten und Ideen einer Führungskraft führen nur dann zum Erfolg, wenn es gelingt, sie den Mitarbeitern verständlich und überzeugend zu vermitteln. Am ehesten ist das im persönlichen Gespräch zu erreichen.

*Im Vergleich zu schriftlichen Informationen haben Gespräche eine stärkere Wirkung*

Im Vergleich zu schriftlichen Informationen haben Gespräche eine stärkere Wirkung, weil

- die gesprochenen Worte nonverbal unterstrichen werden (durch Körperhaltung, Gesten, Blickkontakt usw.),
- dadurch insbesondere Gefühle stärker zum Ausdruck gebracht werden,
- der Gesprächpartner unmittelbar Stellung nehmen kann (Fragen, Bedenken, Widerspruch),
- anhand der Körpersprache seine Reaktionen u. U. auch ohne Worte erkennbar sind.

*ALS FÜHRUNGSKRAFT SOLLTE MAN DAHER JEDE GELEGENHEIT ZUM GESPRÄCH MIT DEN MITARBEITERN WAHRNEHMEN.*

*In der Hektik des Tagesgeschäfts ist die Zeit für Gespräche oft knapp*

Leider sind Vorgesetzte oftmals so sehr mit Sachaufgaben ausgefüllt, dass die Zeit für Gespräche knapp ist. Doch wenn deswegen die direkten Kontakte zu kurz kommen, entstehen in der Regel Missverständnisse oder Konflikte, die Fehler nach sich ziehen oder es kommen Motivationsmängel auf. Die so entstehenden Probleme zu lösen ist wesentlich zeitaufwändiger als kontinuierlich Kontakt zu seinen Mitarbeitern zu halten. Eine erfolgreiche Mitarbeiterführung ist ohne ausreichende mündliche Verständigung nicht denkbar.

*DAS GESPRÄCH IST DAS WIRKSAMSTE INSTRUMENT DER MENSCHENFÜHRUNG.*

Wenn ein Vorgesetzter mit seinen Mitarbeitern im Betriebsalltag aus Zeitmangel nur selten reden kann, sollte er sich zumindest für die notwendigen formellen Mitarbeitergespräche ausreichend Zeit nehmen, sie sorgfältig vorbereiten und einfühlsam durchführen.

*Zumindest für formelle Mitarbeitergespräche muss Zeit sein*

In der Führungslehre versteht man unter dem Begriff „Mitarbeitergespräch" kommunikative Führungsinstrumente, die typischerweise folgende Merkmale aufweisen:

*Kommunikative Führungsinstrumente mit konkretem Anlass*

- Dialog zwischen Führungskraft und einzelnem Mitarbeiter
- Verhalten oder Leistungen des jeweiligen Mitarbeiters betreffend
- aus konkretem Anlass bzw. begründeter Gesprächsnotwendigkeit
- geplantes bzw. bewusst herbeigeführtes Gespräch

Es sind damit also nicht die so genannten informellen, mehr oder minder spontan geführten Gespräche gemeint, die sich aus der alltäglichen Zusammenarbeit ergeben. (Diese werden manchmal auch als die „kleinen Mitarbeitergespräche" bezeichnet.)

*Mitarbeitergespräche sind keine spontanen, informellen Gespräche*

Dem jeweiligen Gesprächsanlass entsprechend lassen sich folgende Arten von formellen Mitarbeitergesprächen unterscheiden:

*Arten von Mitarbeitergesprächen*

#### Positive Anlässe

- Anerkennungsgespräch
- Beförderungsgespräch
- Beurteilungsgespräch
- Einarbeitungsgespräch
- Einführungsgespräch
- Einstellungsgespräch
- Feedbackgespräch
- Fördergespräch
- Gehaltsgespräch
- Jahresgespräch
- Prämiengespräch
- Probezeitgespräch
- Rückkehrgespräch
- Unterweisungsgespräch
- Wiederkehrgespräch
- Zielvereinbarungsgespräch

#### Negative Anlässe

- Beschwerdegespräch
- Fehlzeitengespräch
- Konfliktgespräch
- Kritikgespräch
- Kündigungsgespräch
- Motivierungsgespräch
- Schlichtungsgespräch
- Versetzungsgespräch

Manche der Begriffe benennen gleichartige Gespräche oder weichen inhaltlich nur unwesentlich voneinander ab. Es gibt hierzu keine verbindlichen Festlegungen.

Viele Grundregeln hinsichtlich der Gesprächsorganisation und -durchführung gelten für alle Arten von Mitargbeitergesprächen gleichermaßen. Bei einigen Gesprächszielen sind jedoch hinsichtlich der Gesprächsführung Besonderheiten zu beachten.

Exemplarisch sind im Folgenden die wichtigsten und im Führungsalltag häufig vorkommenden Mitarbeitergespräche beschrieben. Die meisten der dabei gegebenen Empfehlungen lassen sich sinngemäß auf die übrigen Arten übertragen.

*Gesprächsleitfäden als Orientierungshilfe*

Es ist empfehlenswert, die abgebildeten Gesprächsleitfäden zu kopieren, um sich im Gespräch daran zu orientieren. Das ist kein Zeichen von Unsicherheit, sondern von sorgfältiger Vorgehensweise. Es schützt davor, sich durch besonders interessante oder kontroverse Gesprächsdetails von der geplanten Linie abbringen zu lassen.

## Tipp 85 Schaffen Sie ein positives Gesprächsklima

Wichtig für den Erfolg eines jeden Mitarbeitergesprächs ist selbstverständlich das Gesprächsklima. Normalerweise liegt es im beiderseitigen Interesse, dass das Gespräch einen harmonischen Verlauf nimmt und es zu nützlichen Ergebnissen kommt. Da es jedoch bei Mitarbeitergesprächen stets auch um persönliche Belange des Mitarbeiters geht, kann es leicht zu ungewollten Emotionen kommen, die den Gesprächserfolg gefährden. Das gilt vor allem dann, wenn kritische Punkte angesprochen werden müssen und damit zwangsläufig das Selbstwertgefühl des Mitarbeiters berührt wird.

*Mit Emotionen seitens des Mitarbeiters rechnen*

*Hauptverantwortlicher für den Gesprächsverlauf ist die Führungskraft, denn es gehört zu ihrem Führungsauftrag, ein leistungsförderndes Arbeitsklima zu gewährleisten.*

Demzufolge hat sich in erster Linie die Führungskraft um eine partnerschaftliche, konstruktive Atmosphäre zu bemühen. Durch die Art ihrer Gesprächsführung und ihr Gesprächsverhalten, aber auch durch eine sorgfältige Vorbereitung (▸ **Tipp 86**) und das Schaffen angenehmer Rahmenbedingungen hat sie es in der Hand, dafür die notwendigen Voraussetzungen zu schaffen. Von einem in der Regel psychologisch ungeschulten und sprachlich möglicherweise unbeholfenen Mitarbeiter mit geringerer Verantwortung kann das nicht erwartet werden.

*Um eine partnerschaftliche, konstruktive Atmosphäre bemühen*

## Tipp 86 Bereiten Sie Mitarbeitergespräche sorgfältig vor

Vor dem Gespräch findet man meist Gelegenheit, um die wichtigsten Punkte gründlich und noch mit der erforderlichen emotionalen Distanz zu durchdenken und für günstige Rahmenbedingungen zu sorgen. Es wäre fahrlässig, diese Chance nicht zu nutzen!

*Die wichtigsten Punkte vorab mit der erforderlichen emotionalen Distanz durchdenken*

*Die sorgfältige Vorbereitung ist eine wichtige Voraussetzung für den Erfolg eines Mitarbeitergesprächs.*

## Bereiten Sie Mitarbeitergespräche sorgfältig vor

*Checkliste für die Gesprächsvorbereitung*

Die nachstehend aufgezählten Vorbereitungsmaßnahmen gelten für alle Arten von Mitarbeitergesprächen gleichermaßen. Im Grunde handelt es sich dabei um Selbstverständlichkeiten. Dennoch kann es leicht passieren, dass man in der Hektik des Alltagsgeschäfts das eine oder andere übersieht, was sich später im Gespräch erschwerend auswirkt. Die folgende Checkliste kann davor bewahren.

### Persönliche Vorbereitung

- Sich den Gesprächsanlass noch einmal in Erinnerung rufen.
- Sich klar machen, was mit dem Gespräch als Optimum zu bewirken ist und was mindestens erreicht werden muss (Maximal- und Minimalziel).
- Prüfen, ob man über alle wichtigen Sachinformationen verfügt.
- Sich in die Lage des Mitarbeiters versetzen und seine Gefühls- sowie Interessenlage einschätzen.
- Sich seine Mentalität und besonderen Eigenheiten vor Augen führen.
- Überlegen, was besonders wichtige oder auch kritische Punkte sein können.
- Sich eine zweckdienliche Gesprächsstrategie und -argumentation zurechtlegen.
- Die eigene Gefühlslage überprüfen.

### Logistische Vorbereitung

- Rechtzeitig ankündigen – auch der Mitarbeiter muss sich vorbereiten können.
- Günstigen Termin wählen, Zeitdruck vermeiden, sinnvollen zeitlichen Abstand zum Gesprächsanlass vorsehen.
- Störungsfreiheit gewährleisten (kein Lärm, keine Besucher oder Telefonate).
- Für angenehme, spannungsabbauende Atmosphäre sorgen (freundlicher Raum, partnerschaftliche Sitzordnung, Erfrischungsgetränk usw.).

## Tipp 87 Gestalten Sie Zielvereinbarungsgespräche verpflichtend

Im Sinn eines demokratischen Führungsverständnisses (▶ **Tipp 6**) wird in vielen Unternehmen mit Zielvereinbarungen

(▸**TIPP 13**) geführt. Das heißt, die Arbeitsziele werden nicht von der Führungskraft einseitig vorgegeben, sondern mit dem jeweiligen Mitarbeiter gemeinsam formuliert. Diese Vorgehensweise trägt zur Motivation (▸▸**TIPP 16 BIS 36**) des Mitarbeiters bei und gewährleistet, dass seine Praxiserfahrungen sowie seine eventuellen Fragen oder Bedenken (▸▸**TIPP 37 BIS 38**)schon im Arbeitsauftrag berücksichtigt werden.

*Gemeinsam mit dem Mitarbeiter Arbeitsziele formulieren*

Wichtige Grundsätze für ein Zielvereinbarungsgespräch:

- Ziele unmissverständlich benennen und messbar formulieren (▸**TIPP 12**)!
- Verbindliche Vereinbarungen treffen, keine vagen Absichtserklärungen (▸**TIPP 15**)!

Der Erfolg eines Zielvereinbarungsgesprächs hängt maßgeblich davon ab, dass es folgerichtig und zielstrebig geführt wird. Das nachstehende Phasenmodell kann hierfür als Leitfaden dienen.

## LEITFADEN FÜR ZIELVEREINBARUNGSGESPRÄCHE

Oberste Gebote:
- Ziele unmissverständlich benennen und messbar formulieren!
- Verbindliche Vereinbarungen, keine vagen Absichtserklärungen!

| PHASE | INHALTE | GESPRÄCHSFÜHRUNG |
|---|---|---|
| **VORBEREITUNG** | RÜCKBLICK<br>ERGEBNISBEWERTUNG<br>ZIELPLANUNG<br>GESPRÄCHSRAHMEN | • Letzte Zielvereinbarungen und Ergebnisse überdenken<br>• Bereichsziele der kommenden Periode bewusst machen<br>• Daraus Zielvorstellungen für den Mitarbeiter entwickeln<br>• Gespräch dem Mitarbeiter rechtzeitig ankündigen<br>• Für optimale Rahmenbedingungen sorgen |
| **ERÖFFNUNG** | EINGANGSKONTAKT | • Freundlich begrüßen, Platz und u. U. Getränk anbieten |

| | | |
|---|---|---|
| **ERÖFFNUNG** | ANLASS<br>GESPRÄCHSZIELE<br>VORGEHENSWEISE | • Partnerschaftliche Sitzposition wählen<br>• Zweck und Bedeutung des Gesprächs erläutern<br>• Auf Verbindlichkeit der Zielvereinbarungen hinweisen<br>• Geplanten Gesprächsablauf vorstellen |
| **RÜCKSCHAU** | ERFOLGSBILANZ<br>ZIELERREICHUNGEN<br>ZIELABWEICHUNGEN<br>SCHLUSSFOLGERUNG | • Mitarbeiterbericht zur vergangenen Arbeitsperiode<br>• Selbsteinschätzung des Arbeitserfolgs<br>• Bewertung der Zielerreichung durch die Führungskraft<br>• Gründe für eventuelle Zielabweichungen besprechen<br>• Schlussfolgerungen für die nächste Arbeitsperiode |
| **VORSCHAU** | GESAMTSITUATION<br>TENDENZEN<br>BEREICHSZIELE<br>ANFORDERUNGEN | • Gesamtsituation des Unternehmens verdeutlichen<br>• Externe und interne Entwicklungstendenzen aufzeigen<br>• Aktuelle Unternehmensziele darlegen<br>• Dem eigenen Arbeitsbereich vorgegebene Ziele nennen<br>• Künftige Leistungs-/Fähigkeitsanforderungen nennen |
| **MITARBEITERANLIEGEN** | ERWARTUNGEN<br>VORSÄTZE<br>BEDENKEN<br>VORSCHLÄGE | • Erwartungen des Mitarbeiters an die nächste Periode<br>• Vorschläge oder Bedenken des Mitarbeiters<br>• Eigene Zielsetzungen und Vorsätze des Mitarbeiters<br>• Mitarbeiterwünsche hinsichtlich seiner Tätigkeitsinhalte<br>• Qualifizierungs- oder Karrierewünsche |

| | | |
|---|---|---|
| **Verbindliche Verein-barung** | Arbeitsziele<br>Termine<br>Ressourcen<br>Kontrollen | • Konkrete Arbeitsziele für den Mitarbeiter formulieren<br>• Bewertungsmaßstäbe, Prioritäten und Termine festlegen<br>• Notwendige Finanzen, Sachmittel, Befugnisse benennen<br>• Kontrollart, -umfang und -termine definieren<br>• Protokollierung der Zielvereinbarungen |
| **Abschluss** | Gesprächs-bilanz<br>Hilfsangebot<br>Wert-schätzung<br>Ausgangs-kontakt | • Beiderseitigen Gesprächsnutzen würdigen<br>• Rat und Unterstützung bei Problemen anbieten<br>• Konstruktive Mitwirkung des Mitarbeiters anerkennen<br>• Positive Erwartungen an künftige Arbeit äußern<br>• Mitarbeiter höflich und freundlich verbschieden |

## Tipp 88 Bauen Sie Fördergespräche mitarbeiterorientiert auf

Bei Fördergesprächen geht es darum, sich mit dem Mitarbeiter über seine künftige persönliche Entwicklung im Unternehmen auszutauschen. Dabei können zweierlei Aspekte zur Sprache kommen:

*Sich mit dem Mitarbeiter über die Arbeitsanforderungen und seine persönlichen Erwartungen austauschen*

Ansprüche des Unternehmens

- Für welche Aufgabengebiete der Mitarbeiter künftig vorgesehen ist,
- welche Anforderungen diese Aufgaben an den Mitarbeiter stellen werden und
- welche Qualifizierungsmaßnahmen daher erforderlich sind.

Ansprüche des Mitarbeiters

- Welche Einsatzgebiete sich der Mitarbeiter für die Zukunft wünscht,
- wie er sich seine künftige berufliche Karriere vorstellt und
- welche Weiterbildungswünsche er hat.

*Spezielles Zielvereinbarungsgespräch, bei dem es vorrangig um Entwicklungsziele geht (auch „Fördergespräch")*

Man kann diese Art von Mitarbeitergespräch auch als ein spezielles Zielvereinbarungsgespräch bezeichnen. Während es sich jedoch beim klassischen Zielvereinbarungsgespräch vorrangig um Sachziele bzw. Arbeitsaufträge handelt, geht es beim Fördergespräch um Entwicklungsziele bzw. um die Mitarbeiterfähigkeiten. Manchmal kommen auch beide Zielarten in einem Gespräch zum Tragen.

Der Ablauf eines Fördergesprächs entspricht im Wesentlichen dem des Beurteilungsgesprächs (▶ **Tipp 89**), da es bei beiden Gesprächsarten um die Fähigkeiten und Leistungen des Mitarbeiters geht. Der zum Beurteilungsgespräch abgebildete Leitfaden kann daher auch für das Fördergespräch verwendet werden.

## Tipp 89 Führen Sie motivierende Beurteilungsgespräche

*Schriftliche Beurteilungen ausführlich mit dem Mitarbeiter besprechen*

Wenn die Leistungen und das Verhalten eines Mitarbeiters schriftlich beurteilt wurden, sollte es eine Selbstverständlichkeit sein, diese Beurteilung dem Betreffenden nicht nur bekannt zu geben, sondern deren Inhalte auch ausführlich mit ihm zu besprechen. Gerade eine detaillierte schriftliche Beurteilung bietet dem Vorgesetzten einen ausgezeichneten Anlass, dem Mitarbeiter konkrete Rückmeldungen zu geben, ohne den Anschein einer gezielten Disziplinierung zu wecken. Sie bietet die Gelegenheit, gute Leistungsergebnisse zu loben, aber auch mangelhafte zu kritisieren, deren Gründe zu erfahren und über Wege zur Leistungssteigerung und Verhaltensoptimierung zu sprechen.

*Anlass konkrete Rückmeldungen zu geben, ohne den Anschein einer Disziplinierung zu wecken*

*Der Mitarbeiter kann sein Arbeitsverhalten begründen*

Andererseits bietet das Beurteilungsgespräch dem Mitarbeiter die Chance, sein Arbeitsverhalten zu begründen sowie auf eventuelle Missverständnisse oder Fehleinschätzungen hinzuweisen. Er hat die Möglichkeit, Wünsche zu äußern oder Kritik anzubringen. Wenn das Gespräch freimütig und verständnisvoll geführt wird, kann es wie kaum ein anderes Mitarbeitergespräch das Vertrauensverhältnis fördern.

*Der Mitarbeiter kann verlangen, dass ein Mitglied des Betriebsrats hinzugezogen wird*

Allerdings hat der Mitarbeiter auch das Recht zu verlangen, dass ein Mitglied des Betriebsrats hinzugezogen wird. Das Betriebsratsmitglied hat aber nur die Funktion eines Beraters und Fürsprechers und ist verpflichtet, über den Inhalt des Gesprächs Stillschweigen zu bewahren.

*Zu Beginn etwas Positives voranstellen*

Im Interesse einer spannungsfreien Atmosphäre sollte der Vorgesetzte am Beginn des Gesprächs den eigentlichen Beurteilungsinhalten etwas (ehrlich gemeintes) Positives voranstellen. Danach sollte er nach der logischen Reihenfolge der Beurteilung vorgehen.

*Beurteilungsgespräche sollten sich ausschliesslich an den Beurteilungsinhalten orientieren und sich auf die Beurteilungsperiode und den Beobachtungsbereich beschränken.*

Ebenso wie der Beginn, sollte der Abschluss des Gesprächs eine positive Note haben. Auch wenn die Beurteilungsinhalte insgesamt eher negativ waren, sollte der Vorgesetzte am Schluss einen optimistischen Ausblick geben und dem Mitarbeiter die grundsätzliche Wertschätzung ausdrücken.

*Gesprächsleitfaden, um das Gespräch in einer folgerichtigen Reihenfolge ablaufen zu lassen*

Der nachstehende Gesprächsleitfaden dient dazu, sich auf das Gespräch optimal einzustimmen und es in einer folgerichtigen Reihenfolge ablaufen zu lassen. Darüber hinaus sind zu den einzelnen Gesprächsphasen nützliche Hinweise für die Gesprächsinhalte und das persönliche Gesprächsverhalten vermerkt.

*Checkliste, um sich wichtige Gesprächspunkte oder Fakten vorzumerken*

Die angefügte Checkliste hilft, bei der Gesprächsvorbereitung nichts für ein Beurteilungsgespräch Wesentliches zu übersehen und sich wichtige Gesprächspunkte oder Fakten vorzumerken. Außerdem können darin während des Gesprächs wichtige Gesprächsergebnisse notiert werden. Die Notizen können als Grundlagen für künftige Beurteilungen oder Gespräche dienen und sicherstellen, dass keine getroffenen Vereinbarungen oder (beiderseitig) gemachten Zusagen später aus den Augen verloren werden.

## Leitfaden für Beurteilungs-/Fördergespräche

Die Phasen „Bekanntgabe“ und „Stellungnahme“ entfallen, wenn es sich um ein reines Fördergespräch handelt, also ohne Bekantgabe einer schriftlichen Beurteilung. Hingegen können beim reinen Beurteilungsgespräch die Phasen „Perspektive“ und „Vereinbarung“ entfallen oder verkürzt behandelt werden.

| Phase | Inhalte | Gesprächsführung |
|---|---|---|
| **Vorbereitung** | Beurteilungsinhalte<br>Notenvergleich<br>Einstimmung<br>Ankündigung | • Beurteilung nochmals aufmerksam lesen<br>• Noten mit der letzten Beurteilung vergleichen<br>• Zwischenzeitliche Mitarbeiterentwicklung einschätzen<br>• Auf Mitarbeiterpersönlichkeit/-reaktionen einstimmen<br>• Gesprächstermin rechtzeitig vereinbaren |
| **Eröffnung** | Eingangskontakt<br>Gesprächsklima<br>Anlass<br>Beurteilungsregeln | • Freundlich begrüßen, Platz und u. U. Getränk anbieten<br>• Positiven Gesprächseinstieg wählen<br>• Gesprächsanlass nennen, den Nutzen verdeutlichen<br>• Geplante Vorgehensweise vorstellen<br>• Beurteilungsverfahren und -zeitraum erläutern |
| **Bekanntgabe** | Aushändigung<br>Kenntnisnahme<br>Erläuterungen<br>Entwicklungsstand | • Beurteilung aushändigen, in Ruhe lesen lassen<br>• Herausstellen der wesentlichen Beurteilungsaussagen<br>• Durch typische Arbeiten/Begebenheiten begründen<br>• Positives loben, Negatives ohne Umschweife benennen<br>• Die Entwicklung seit der letzten Beurteilung besprechen |

| | | |
|---|---|---|
| **Stellungnahme** | Mitarbeitermeinung<br>Selbsteinschätzung<br>Begründungen<br>Klarstellungen | • Mitarbeiter zur freimütigen Stellungnahme ermutigen<br>• Aufmerksam und aufgeschlossen zuhören<br>• Gegebenenfalls abweichende Selbsteinschätzung begründen lassen<br>• Auch emotional überzogene Äußerungen hinnehmen<br>• Unklarheiten oder Missverständnisse aufklären |
| **Perspektive** | Mitarbeiterwünsche<br>Anforderungen<br>Steigerungspotenzial<br>Karrierechancen | • Tätigkeits-/Karrierewünsche des Mitarbeiters anhören<br>• Künftige Anforderungen an den Mitarbeiter schildern<br>• Zu beseitigende Defizite, Steigerungsmöglichkeiten klarstellen<br>• Fortbildungs-/Einarbeitungsbedarf zur Kenntnis nehmen<br>• Beschäftigungs-/Karriereaussichten besprechen |
| **Vereinbarung** | Fördermassnahmen<br>Eigeninitiativen<br>Tätigkeitswechsel<br>Hilfsangebote | • Entwicklungs- bzw. Qualifizierungsziele formulieren<br>• Konkrete Weiterbildungs-/Fördermaßnahmen vorsehen<br>• Mitarbeiter zu Eigeninitiativen auffordern<br>• Möglicherweise Tätigkeitswechsel vorsehen<br>• Bei Überforderung angemessene Arbeitserleichterungen anbieten |
| **Abschluss** | Gesprächsbilanz<br>Wertschätzung<br>Ausblick<br>Ausgangskontakt | • Kenntnisnahme der Beurteilung bestätigen lassen<br>• Kopie der Beurteilung aushändigen<br>• Grundsätzliche Wertschätzung ausdrücken<br>• Positive, ermutigende Erwartungen äußern<br>• Mitarbeiter höflich und freundlich verabschieden |

## Checkliste für Beurteilungs-/Fördergespräche

Name des Mitarbeiters: ............ Gesprächstermin: ....... Ort: ........

| Phase | Gesprächspunkte | Vorbereitungs-notizen *(Argumente, Beispiele, Fragen)* | Gesprächs-ergebnisse |
|---|---|---|---|
| Eröff-nung | Beurteilungs-/Gesprächsanlass<br>Beurteilungsverfahren<br>Bewertungskriterien/-maßstäbe<br>Beurteilungszeitraum<br>Mitbeurteiler | | |
| Bekannt-gabe | Aushändigung der Beurteilung<br>besonders positive Ergebnisse<br>besonders kritische Punkte<br>typische Leistungs-/Verhaltens-beispiele<br>Leistungsentwicklung seit der letzten Beurteilung | | |
| Stellung-nahme | Selbsteinschätzung des Mitarbeiters<br>Mitarbeiterfragen<br>Unklarheiten, Missverständnisse | | |
| Perspek-tive | Mitarbeiterwünsche, -vorsätze<br>künftige Anforderungen<br>Leistungsniveau des Mitarbeiters<br>besondere Stärken/Neigungen<br>Kenntnis-/Leistungsdefizite<br>Einarbeitungs-/Fortbildungsbedarf<br>Qualifizierungsmöglichkeiten<br>ggf. geplanter Einsatzwechsel<br>Aufstiegsmöglichkeiten im Arbeits-bereich/Unternehmen | | |

| | | | |
|---|---|---|---|
| **Verein-barung** | Entwicklungs- bzw. Qualifizierungsziele<br>Qualifizierungsmaßnahmen des Arbeitgebers<br>Qualifizierungsaktivitäten des Mitarbeiters<br>Tätigkeits-/Arbeitsplatzwechsel<br>Unterstützungsmaßnahmen<br>Erfolgskontrolle | | |
| **Ab-schluss** | Gesprächsnutzen/-verlauf<br>schriftliche Bestätigung der Beurteilungsbekanntgabe<br>Aushändigung einer Kopie<br>grundsätzliche Wertschätzung<br>positive Erwartungen | | |

## Tipp 90 Führen Sie auch ohne schriftliche Beurteilung Gespräche

*Den Mitarbeitern für ihre persönliche Orientierung regelmäßig Rückmeldung geben*

Auch dort, wo keine turnusmäßigen schriftlichen Beurteilungen vorgesehen sind (▶ **Tipp 89**), sollten mit den Mitarbeitern regelmäßig Beurteilungsgespräche geführt werden, um ihnen für ihre persönliche Orientierung Rückmeldungen zu geben. Trotz der fehlenden schriftlichen Grundlage sollten auch diese Gespräche einheitlich und logisch strukturiert sein.

*Fragenkatalog zur Vorbereitung*

Hierzu kann der nachstehende Fragenkatalog beitragen. Er kann sowohl dem Vorgesetzten als auch dem Mitarbeiter zur Vorbereitung auf das Gespräch dienen.

- Was befriedigt Sie in Ihrem jetzigen Aufgabengebiet?
- Was macht Sie bei Ihren Arbeiten unzufrieden?
- Was könnte Ihre Arbeitszufriedenheit steigern?
- Fühlen Sie sich hinsichtlich Ihrer Fähigkeiten über- oder unterfordert?
- Fühlen Sie sich hinsichtlich Ihrer Arbeitsbelastung über- oder unterfordert?
- Gibt es besondere Schwierigkeiten bei Ihren Arbeitsaufgaben?

- Wo sehen Sie Möglichkeiten für Verbesserungen oder Unterstützung?
- Werden Ihre Arbeitsergebnisse angemessen anerkannt?
- Fühlen Sie sich hinsichtlich Ihrer Stellung und Entlohnung gerecht eingestuft?
- Wie harmonieren Sie mit Ihrem personellen Umfeld?

In der Praxis sind auch verschiedene Mischformen von Beurteilungsgesprächen anzutreffen. So werden im Rahmen eines Beurteilungsgesprächs oft auch Fragen der Mitarbeiterentwicklung und -förderung (▸ **TIPP 88**) behandelt. Und in der Tat gibt es zwischen den beiden Führungsaufgaben kausale Zusammenhänge. Nur sollte dann das Gespräch eine gewollte Kombination und keine unplanmäßige Themenabweichung sein.

*In vielen Unternehmen werden kombinierte „Jahresgespräche" geführt*

Aus Vereinfachungsgründen fassen manche Unternehmen sogar drei Gesprächsarten zu einem so genannten „Jahresgespräch" zusammen: nämlich das „Zielvereinbarungs-, Beurteilungs- und Fördergespräch". Ob der dadurch erzielbare Vereinfachungseffekt in einem vernünftigen Verhältnis zur Gesprächsqualität steht, muss in jedem Einzellfall beurteilt werden.

## Tipp 91 Handhaben Sie Kritikgespräche nicht wie Schuldsprüche

Mit „Kritikgespräch" bezeichnet man diejenigen Mitarbeitergespräche, bei denen es um einen konkreten Beanstandungspunkt geht. Das kann sein: ein mangelhaftes Arbeitsergebnis, eine Terminüberschreitung, ein unfreundliches Verhalten gegenüber einem Kunden oder Ähnliches. Geht es um eine allgemein unbefriedigende Arbeitshaltung, so wird ein diesbezügliches Gespräch auch als „Motivierungsgespräch" bezeichnet. Allerdings sind die beiden Gesprächsarten nicht immer trennscharf voneinander zu unterscheiden. Oft gehen Arbeits- oder Verhaltensmängel mit unzureichender Arbeitsmotivation einher.

*Kritikgespräche zählen zu den schwierigsten Mitarbeitergesprächen*

Kritikgespräche zählen zu den schwierigsten Mitarbeitergesprächen. Sie werden daher von beiden Seiten nicht gerade geliebt und oft gemieden. Das führt dann jedoch dazu, dass erkannte Mängel nicht abgestellt werden und man sich im Laufe der Zeit mit ihnen abfindet. Im Vergleich zu den meisten anderen Mitarbeitergesprächen werden beim Kritikgespräch in besonderem Maß die Selbstwertgefühle des Mitarbeiters tangiert. Geht es doch in jedem Fall darum, mit ihm über ein mögliches Versagen oder eine Verfehlung zu sprechen – also um einen mit seiner Person zusammenhängenden Negativaspekt.

*Das Selbstwertgefühl des Mitarbeiters wird berührt*

Es besteht demzufolge stets das Risiko, dass
- es zu unsachlichen Äußerungen kommt,
- der Mitarbeiter enttäuscht und demotiviert wird,
- er sich angegriffen fühlt und mit Gegenangriffen reagiert oder
- das Gespräch insgesamt einen ungewollten Verlauf nimmt.

*Eine gute Vorbereitung sowie eine systematische und zweckorientierte Steuerung sind daher bei dieser Art von Mitarbeitergespräch besonders wichtig.*

Dabei ist besonders darauf zu achten, dass man als Gesprächsführer nicht bewertet – geschweige denn beschuldigt – ehe der Sachverhalt hinreichend geklärt ist. Aber auch, wenn sich die Beanstandung als zutreffend herausstellt, rechtfertigt dies kein unhöfliches oder unfaires Gesprächsverhalten.

*Nicht werten oder gar beschuldigen, ehe der Sachverhalt hinreichend geklärt ist*

Nicht selten führen Vorgesetzte Kritikgespräche in erster Linie, um ihren eigenen Frust loszuwerden. Gespräche dieser Art verlaufen zwangsläufig in einer aggressiven Grundstimmung, bauen auf Vor-Verurteilungen auf und geben dem Mitarbeiter kaum Gelegenheit, sich zu rechtfertigen oder Missverständnisse auszuräumen.

In einem derartigen Klima ist eine für beide Seiten akzeptierbare Vereinbarung kaum zu erreichen. Die Akzeptanz des Gesprächsergebnisses durch den Mitarbeiter ist aber eine Voraussetzung dafür, dass er ein eventuelles Verschulden ehrlich bedauert und sich in konstruktiver Weise für die Beseitigung des beanstandeten Tatbestands einsetzt. Wenn notwendig, sollte ihm dafür auch Unterstützung angeboten werden.

*Hauptziel eines Kritikgesprächs muss die Beseitigung des Beanstandungspunktes sein und nicht die Schuldzuweisung.*

## Handhaben Sie Kritikgespräche nicht wie Schuldsprüche

Der schlechteste Ausgang eines Kritikgesprächs ist, wenn es in einer derart feindseligen Atmosphäre verlaufen ist, dass der Mitarbeiter mit dem Gefühl hinausgeht, er habe sich die Sympathien seines Vorgesetzten für alle Zeiten verscherzt. Dass er zu dem Schluss kommt, in diesem Betrieb bzw. dieser Abteilung keinerlei Aufstiegschancen mehr zu haben und keine konfliktfreie Zusammenarbeit mehr erwarten zu können. In einem solchen Fall brachte das Gespräch keinen Nutzen, sondern war sogar schädlich: Der Vorgesetzte hat den Mitarbeiter verloren – er ist in die innere Kündigung (▸▸ **Tipp 34 bis 36**) geflüchtet. Dazu darf es natürlich keinesfalls kommen.

*Den Mitarbeiter nicht in die innere Kündigung treiben*

*Eine mühevoll aufgebaute Mitarbeitermotivation kann durch eine ungeschickte Kontrolle oder verletzende Kritik schlagartig zunichte gemacht werden!*

Da Kritikgespräche in aller Regel stark emotionsbesetzt sind, können sie dem Vorgesetzten trotz bester Absichten leicht aus dem Ruder laufen. Geht man jedoch konsequent nach dem nachstehend abgebildeten Gesprächsleitfaden vor und beachtet dabei einige Grundregeln für das Gesprächsverhalten, hat man beste Chancen, auch in schwierigen Fällen das Gespräch weitgehend aggressionsfrei verlaufen zu lassen und zu einer akzeptablen Vereinbarung zu kommen.

*Gesprächsleitfaden, um das Gespräch weitgehend aggressionsfrei verlaufen zu lassen*

Wer es versteht, Kritikgespräche so zu führen, dass sie trotz aller emotionalen Risiken konstruktiv verlaufen und den Mitarbeiter veranlassen, die beanstandeten Mängel zu beheben, wird auch mit allen anderen Arten von Mitarbeitergesprächen keine Probleme haben. Wer aufbauend kritisieren kann, wird auch motivierend loben können.

*Aufbauend kritisieren*

## Leitfaden für Kritikgespräche

Oberste Gebote: Ursachenbeseitigung geht vor Schuldfrage!
Erst klären – dann bewerten!
Keine harten – aber klare Worte!
Das Gespräch soll aufbauen, nicht demotivieren!

| Phase | Inhalte | Gesprächsführung |
|---|---|---|
| **Vorbereitung** | Faktenlage<br>Gefühlssituation<br>Gesprächsrahmen<br>Ankündigung | • Beanstandungspunkte überdenken und konkretisieren<br>• Beobachtungen und Feststellungen auflisten<br>• Eigene Gefühlslage prüfen (Verärgerung, Antipathie)<br>• Günstigen Zeitpunkt und störungsfreien Raum wählen<br>• Gespräch dem Mitarbeiter vorher ankündigen |
| **Eröffnung** | Eingangskontakt<br>Gesprächsklima<br>Gesprächsart<br>Gesprächsziel | • Höflich begrüßen, Platz anbieten<br>• Keine Verärgerung zeigen, angemessen freundlich sein<br>• Entspannenden Einstieg wählen (aber nicht überziehen)<br>• Gesprächsart und -ziel unbefangen verdeutlichen<br>• Für Freimütigkeit und konstruktiven Verlauf plädieren |
| **Beanstandung** | Sachverhalt<br>Beobachtungen<br>Kritikpunkte<br>Auswirkungen | • Sachverhalt aus eigener Sicht wertfrei schildern<br>• Selbstbeobachtetes und Zugetragenes trennen<br>• Kritikpunkte sachlich und ohne Umschweife darlegen<br>• Keine Verallgemeinerungen, keine Vorverurteilungen<br>• Problemauswirkungen und deren Ausmaß beschreiben |

| | | |
|---|---|---|
| **Stellungnahme** | Mitarbeitersicht<br>Mitarbeiterproblem<br>Begründungen<br>Klarstellungen | • Mitarbeiter zu freimütiger Stellungnahme auffordern<br>• Gründe für gegebenen Sachverhalt erfragen<br>• Aufmerksam zuhören, ggf. Notizen machen<br>• Unklares, Lückenhaftes oder Unlogisches klären lassen<br>• Privat-/Intimsphäre respektieren, Diskretion zusichern |
| **Bewertung** | Soll-Ist-Vergleich<br>Leistungsziele<br>Mitarbeiterbelange<br>Problemausmass | • Soll- und Ist-Zustand beschreiben und gegenüberstellen<br>• Unternehmens- und Mitarbeiterbelange abwägen<br>• Nur Arbeiten/Verhalten bewerten, nicht Persönlichkeit<br>• Keine harten Worte, aber klare Sprache wählen<br>• Wenn Beanstandung haltlos, Gespräch hier beenden |
| **Vereinbarung** | Lösungsweg<br>Mitarbeitervorsätze<br>Hilfsangebote<br>Kontrollabsprache | • Mitarbeiter um eigene Lösungsvorschläge bitten<br>• Gegebenenfalls ergänzende oder Alternativvorschläge machen<br>• Positive Mitarbeitervorsätze ausdrücklich anerkennen<br>• Mut machen, erforderlichenfalls Unterstützung anbieten<br>• Kontrollabsprachen treffen (was, wann, wie ) |
| **Abschluss** | Gesprächsbilanz<br>Ausblick<br>Wertschätzung<br>Ausgangskontakt | • Gesprächsergebnis und -verlauf würdigen<br>• Positive, optimistische Erwartungen äußern<br>• Grundsätzliche Wertschätzung zum Ausdruck bringen<br>• Bei heftigem Verlauf versöhnlichen Ausklang schaffen<br>• Höfliche und angemessen freundliche Verabschiedung |

# XI MITARBEITERBESPRECHUNGEN DURCHFÜHREN

## Grundlagen

*Die Meinungen der Mitarbeiter in die eigenen Entscheidungen einbeziehen*

Ein wesentliches Merkmal demokratischen Führens (▶**TIPP 6**) ist, als Führungskraft die Meinungen der Mitarbeiter in die eigenen Entscheidungen einzubeziehen oder diese sogar selbst entscheiden zu lassen (▶**TIPP 94**). Dazu ist es erforderlich, sich mit den Mitarbeitern zusammenzusetzen, um sich mit ihnen auszutauschen. Im Gegensatz zu den Mitarbeitergesprächen, die in aller Regel unter vier Augen geführt werden, bezeichnet man Gespräche mit einer Mitarbeitergruppe als Mitarbeiterbesprechungen. Mitarbeiterbesprechungen können aber auch aus anderen Gründen durchgeführt werden. Beispielsweise kann man als Führungskraft im Rahmen einer Mitarbeiterbesprechung Informationen weitergeben oder einholen, sich beraten lassen, Anweisungen geben oder Zusammenarbeitskonflikte behandeln.

*Gespräche mit einer Mitarbeitergruppe*

*Positive Wirkung auf Mitarbeiter*

Wie auch immer die Besprechungsziele geartet sind, tragen Mitarbeiterbesprechungen in aller Regel dazu bei,

- das Verantwortungsbewusstsein,
- die Motivation,
- das Selbstbewusstsein sowie
- das Gemeinschaftsgefühl der Mitarbeiter zu stärken.

Inwieweit Mitarbeiterbesprechungen sich tatsächlich positiv auf den Arbeitserfolg und die Mitarbeiterzufriedenheit auswirken, hängt allerdings maßgeblich davon ab, ob sie professionell organisiert und geleitet werden. Sind diese Voraussetzungen nicht gegeben, können Besprechungen unbefriedigend verlaufen, weil keine brauchbaren Ergebnisse erzielt werden, sich zu lange hinziehen oder es sogar zu Konflikten zwischen Gesprächsleiter und Gruppe oder den Teilnehmern untereinander kommt.

Die im Folgenden vorgestellten Besprechungstechniken und -instrumente gelten nicht nur für Mitarbeiterbesprechungen, sondern können sinngemäß auch auf Besprechungen mit gleichrangigen Teilnehmern angewendet werden.

*MITARBEITERBESPRECHUNGEN SIND WICHTIGE ARBEITSPROZESSE UND MÜSSEN DAHER RATIONELL ORGANISIERT SEIN UND ZIELSTREBIG ABLAUFEN.*

# Tipp 92 Unterscheiden Sie Besprechungen nach Zielarten

Je nachdem, welchen Zielen eine Mitabeiterbesprechung dienen soll, ist der Teilnehmerkreis anders zusammenzusetzen und ist eine andere Art der Leitung sowie Steuerung sinnvoll. Die nachstehende Tabelle gibt hierzu einige Hinweise.

| Ziel | Teilnehmer | Gesprächsleiter | Hinweise für die Gesprächsleitung |
|---|---|---|---|
| **Informationen geben** | alle Mitarbeiter, die Informationen benötigen oder von ihnen betroffen sind; u.U. zusätzliche Informanten hinzuziehen | informierender Vorgesetzter | • auf Wissensstand der Teilnehmer aufbauen<br>• Sprache der Teilnehmer berücksichtigen (keine unverständlichen Abkürzungen, Fach- oder Fremdwörter)<br>• Fragen, Vorbehalte und skeptische Blicke beachten und darauf reagieren<br>• klare Antworten geben |
| **Informationen einholen** | sach- und fachkompetente Mitarbeiter bzw. Verantwortungsträger | zu informierender Vorgesetzter | • präzise Fragen stellen<br>• aktiv zuhören<br>• bei unklaren oder missverständlichen Antworten nachfragen |
| **Sich beraten lassen** | sach- und fachkompetente Mitarbeiter bzw. Verantwortungsträger | zu beratender Vorgesetzter | • aufmerksam zuhören<br>• eigene Meinung zurückhalten<br>• kein blockierendes Vorgesetztengebaren |
| **Ideen/Vorschläge erarbeiten** | sach- und fachkompetente oder betroffene Mitarbeiter | Vorgesetzter oder beauftragter Mitarbeiter | • aufmerksam und aktiv zuhören<br>• alle Vorschläge anerkennen und vorurteilsfrei sammeln<br>• eigene Ideen nicht an den Anfang stellen<br>• keine vorschnellen Bewertungen |

| | | | |
|---|---|---|---|
| **Entscheidung treffen** | Entscheidungsträger oder betroffene Mitarbeiter | Vorgesetzter oder beauftragter Mitarbeiter | • zu Beginn Entscheidungskompetenz und Entscheidungsverfahren regeln<br>• eigene Meinung nicht voranstellen<br>• erst Entscheidungskriterien vereinbaren, ehe Alternativen bewertet werden<br>• für ergebnisorientierten Ablauf sorgen<br>• Entscheidung eindeutig formulieren und festhalten |
| **Anweisungen geben** | alle Betroffenen | Vorgesetzter oder beauftragter Mitarbeiter | • klare, allgemein verständliche und vollständige Darstellung<br>• Aussagen begründen, Verständnis wecken<br>• Fragen zulassen<br>• Bedenken und Vorbehalte ernst nehmen |
| **Aussprache (z.B. über Fragen der Zusammenarbeit)** | alle Betroffenen | möglichst nicht Vorgesetzter, sondern beauftragter neutraler Mitarbeiter (Gleicher unter Gleichen) | • spannungsfreie Gesprächsatmosphäre schaffen<br>• nicht Partei ergreifen<br>• Gemeinsamkeiten hervorheben<br>• keine herabsetzenden Angriffe zulassen<br>• Minderheitenschutz gewährleisten<br>• für versöhnlichen Ausklang sorgen |

## Tipp 93 Prüfen Sie zunächst die Nützlichkeit und Notwendigkeit

*Ist der Aufwand gerechtfertigt?*

Für einen reinen Informationsaustausch ohne Diskussionsbedarf gibt es weit weniger zeitaufwändige Möglichkeiten, als sich zu Besprechungen zusammenzusetzen: Man kann sich z. B. gegenseitig Briefe, Fax-Mitteilungen, E-Mails oder elektronische Datenträger zusenden. Allerdings haben alle derartigen Informationsmedien einen entscheidenden Nachteil: Sie bewirken lediglich Einwegkommunikation, d. h. der Absender der Information bzw. Nachricht erfährt keine unmittelbare Reaktion des Empfängers. Selbst wenn dieser ihm unverzüglich auf gleichem Weg antwortet, ist dies niemals seine spontane, vom momentanen Gefühl geprägte Antwort. Sie wird stets verkürzt oder verstandesmäßig relativiert ausfallen oder von taktischen Überlegungen geprägt sein.

*Sofortige mehr oder minder unverfälschte Antwort im unmittelbaren Gespräch*

Im unmittelbaren Gespräch hingegen erhält der Sender in der Regel eine sofortige und mehr oder minder unverfälschte Antwort. Zumindest durch nichtsprachliche Signale wird er auch etwas über die beim Gesprächspartner ausgelösten Gefühle erfahren. Er wird dessen zustimmende, skeptische oder gar ablehnende Haltung erkennen und darauf eingehen können.

Daher sind Besprechungen (auch Konferenzen, Sitzungen, Meetings, Beratungen genannt) weit wirksamer als jeder Schriftwechsel und in manchen Fällen geradezu unerlässlich, wenn es beispielsweise darum geht,

- komplexe Probleme zu lösen,
- wichtige Entscheidungen zu treffen,
- sich gegenseitig zu neuen Ideen anzuregen,
- freimütig spontane und auch emotional besetzte Meinungen auszutauschen,
- Missverständnissen vorzubeugen oder sie auszuräumen,
- persönliche Bedürfnisse zu äußern oder die anderer zu erfahren oder
- soziale Kontakte herzustellen bzw. sie zu pflegen.

*Mitarbeiterbesprechungen zählen zu den wichtigsten Führungsinstrumenten.*

Hinzu kommt, dass in manchen Situationen einfach aus Gründen der Dringlichkeit ein sofortiger Informations- bzw. Meinungsaustausch zwingend erforderlich ist.

*Besprechungen kosten Zeit und verursachen demzufolge Kosten*

Andererseits kosten Besprechungen Zeit und verursachen demzufolge Kosten. Welche Kosten dem Unternehmen durch eine Besprechung entstehen können, mag folgende Überschlagsrechnung veranschaulichen: Bei einer dreistündigen

Besprechung mit 10 Teilnehmern mittleren Einkommens (einschließlich Sozial- und sonstiger Personalkosten) errechnen sich:

10 Besprechungsteilnehmer x 3 h/Pers. x 40 €/h = 1.200 €
*(Dabei sind noch keine Kosten für den Vorbereitungsaufwand und die Raum- und Sachmittelbereitstellung berücksichtigt.)*

*Besprechungen bergen ein hohes, oft ungenutztes Rationalisierungspotenzial*

Wie diese nicht unbeträchtliche Summe aufzeigt, bergen betriebliche Besprechungen ein hohes, oft ungenutztes Rationalisierungspotenzial. Gelänge es bei dem Beispiel, die Besprechungsdauer auch nur um eine halbe Stunde zu verkürzen und könnte man auf 2 Teilnehmer verzichten, brächte das eine Einsparung von 400 €!

Dabei muss die Qualität einer Besprechung durch einen strafferen Verlauf durchaus nicht leiden. Im Gegenteil: Unnötig lange Besprechungen mit zu vielen Teilnehmern verlaufen meist wenig zielgerichtet und führen manchmal zu unbefriedigenden Ergebnissen. Wurde dagegen eine Besprechung gut vorbereitet, professionell geleitet und wurden nur die tatsächlich benötigten und sachkundigen Teilnehmer eingeladen, kann sie zu bestmöglicher Ergebnisqualität bei größtmöglicher Teilnehmerzufriedenheit führen.

Den höchsten Einsparungseffekt bringt es natürlich, wenn auf eine Besprechung ganz verzichtet werden kann. Nicht alle Probleme eigenen sich für eine Besprechung.

*Ist die Besprechung wirklich nötig?*

Ehe man zu einer Besprechung einlädt, sollte man sich daher fragen:

- Sind das Besprechungsziel und die problemrelevanten Aspekte hinreichend klar definiert?
- Rechtfertigt der Besprechungsaufwand den erzielbaren Nutzen?
- Kann das Einbeziehen mehrerer Personen zur Klärung oder Problemlösung nennenswert beitragen?
- Lässt die Gruppengröße eine hinreichend effiziente Besprechung zu?
- Müssen die zu fassenden Beschlüsse von mehreren Personen mitverantwortet oder später selbstständig realisiert werden?
- Ist es tatsächlich wirksamer, die Fragen im Beisein aller zu behandeln oder geht dies auch in gezielten Einzelgesprächen?

PRÜFEN SIE ZUNÄCHST DIE NÜTZLICHKEIT UND NOTWENDIGKEIT

- Wäre die Angelegenheit auch in einem unkomplizierten Schriftwechsel zu regeln?
- Können alle Beteiligten einen Nutzen aus der Besprechung ziehen?

*DOCH OB VON DER SACHE HER NÜTZLICH ODER NICHT, ERFÜLLEN BESPRECHUNGEN STETS AUCH WICHTIGE SOZIALE FUNKTIONEN.*

Sie schaffen Kontakte und könen positive Auswirkungen auf das gesamte Arbeitsklima haben.

*Mitarbeiter können sich äußern und erfahren Wertschätzung*

Den Mitarbeitern bietet die Teilnahme an Besprechungen
- die Gelegenheit, eigene Sorgen, Bedenken oder Erwartungen zu äußern und
- gibt ihnen das Gefühl, dass ihre Meinung und Mitwirkung geschätzt wird.

*Die Führungskraft erfährt etwas über die Befindlichkeit und Bedürfnisse der Mitarbeiter*

Der Führungskraft hingegen bieten sich wertvolle Chancen,
- neben der Sachdiskussion auch etwas über die Befindlichkeit und Bedürfnisse der Mitarbeiter zu erfahren, um bei künftigen Führungsmaßnahmen daran anknüpfen zu können,
- das Gruppenklima und das Vorgesetztenbild der Mitarbeiter zu erkennen und
- in den Mitarbeitern ein gruppendienliches Wir-Gefühl zu wecken.

Es gilt also, vor jeder Besprechung gegeneinander abzuwägen, inwieweit der erzielbare Nutzen für die Sache sowie die zwischenmenschlichen Belange einerseits und der erforderliche Zeit- und Energieaufwand andererseits in einem vernünftigen Verhältnis stehen.

*SO WICHTIG UND NÜTZLICH BESPRECHUNGEN AUCH SEIN KÖNNEN, DÜRFEN SIE NICHT ZUM SELBSTZWECK WERDEN.*

## Tipp 94 Wählen Sie zwischen Einzel- und Gruppenentscheidung

*Die Mitarbeiter in Entscheidungen einbeziehen oder nicht?*

Insbesondere bei anstehenden Entscheidungen sollte man es sich als Führungskraft zuvor stets reiflich überlegen, ob man die Entscheidung besser alleine trifft oder die Mitarbeiter im

Rahmen einer Besprechung einbezieht und wenn ja, mit welchem Entscheidungsspielraum.

*Argumente für eine Einzelentscheidung*

Argumente für eine Einzelentscheidung können sein:
- Zeitersparnis bzw. Dringlichkeit des Problems
- unzureichendes Sach- oder Fachwissen der Mitarbeiter
- mangelndes Verantwortungsbewusstsein der Mitarbeiter
- Vermeidung konfliktfördernder Debatten

*Argumente für eine Gruppenentscheidung*

Für eine Gruppenentscheidung können sprechen:
- Einbeziehung des Fachwissens und der Praxiserfahrungen der Mitarbeiter
- Nutzung der Ideenvielfalt der Gruppe
- umfassende Information der Mitarbeiter über die Entscheidungshintergründe im Interesse einer selbstständigen Umsetzung
- Entwickeln von Mitarbeiterfähigkeiten zum Improvisieren bei auftretenden Problemen
- Stärkung von Motivation, Verantwortungs- und Selbstbewusstsein der Mitarbeiter
- Förderung des Gruppenbewusstseins

Letztlich ist es auch eine Frage der Führungskultur im Unternehmen und des persönlichen Führungsstils (▸▸**Tipp 5 bis 9**), ob man als Führungskraft eher zu Alleinentscheidungen oder Gruppenentscheidungen tendiert.

*Will man den Reifegrad seiner Mitarbeiter fördern, sollte man sie möglichst oft an Entscheidungen beteiligen.*

Wobei der Grad der Beteiligung variieren kann: vom Anhören der Mitarbeitermeinungen und -vorschläge für die Meinungsbildung des Vorgesetzten bis hin zur völlig selbstständigen Entscheidung durch die Mitarbeitergruppe.

## Tipp 95 Streben Sie langfristigen Besprechungserfolg an

Ein gutes Sachergebnis reicht für eine erfolgreiche Besprechung alleine nicht aus. Ebenso wichtig, bei manchen Be-

*Individuelle Teilnehmererwartungen erfüllen*

sprechungsarten sogar noch wichtiger ist, dass auch die individuellen Teilnehmererwartungen erfüllt werden.

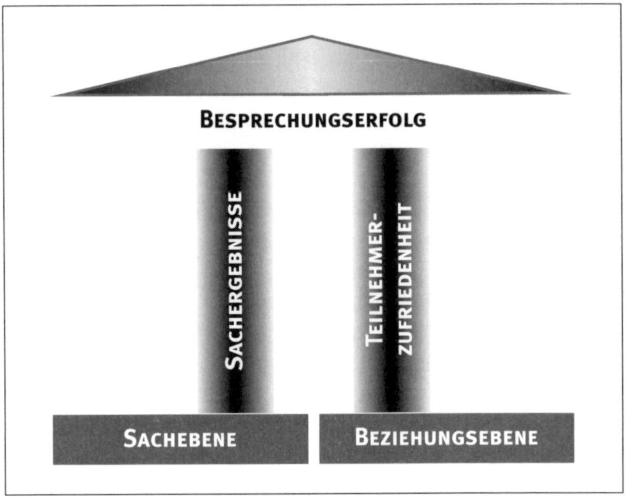


*Abb. XI/1: Der Erfolg von Besprechungen hängt von sachlichen und emotionalen Faktoren ab*

*Faktoren der Teilnehmerzufriedenheit*

Für die Teilnehmerzufriedenheit spielen auch ganz persönliche Bedürfnisse eine maßgebliche Rolle. Zum Beispiel wollen Teilnehmer üblicherweise

- für sich selbst einen größtmöglichen Nutzen erzielen,
- ihre Kenntnisse und Fähigkeiten einbringen,
- maßgeblich mitgestalten und sich profilieren,
- Einfluss auf den Besprechungsverlauf nehmen, Stärke zeigen,
- bestätigt und anerkannt werden,
- sich den anderen Teilnehmern bekannt machen,
- die eigene Position in der Gruppe testen und festigen,
- Ärger loswerden und Aggressionen abbauen,
- Verständnis, Mitgefühl oder Unterstützung bekommen,
- Missverständnisse ausräumen oder sich rechtfertigen und
- sich insgesamt physisch und psychisch wohl fühlen.

Werden Mitarbeiter in einer Besprechung enttäuscht oder zerstreiten sie sich sogar, wirkt sich das nicht nur auf den Besprechungsverlauf, sondern oft auch auf die künftige Zusammenarbeit negativ aus.

*Der durch verletzte Gefühle von Besprechungsteilnehmern angerichtete Schaden für das künftige Arbeitsklima ist oft gravierender als der durch die erzielten Sachergebnisse gestiftete Nutzen.*

## Tipp 96 Bereiten Sie Besprechungen gut vor

Besprechungen lassen sich schon dadurch optimieren, indem man simple organisatorische Mängel vermeidet. So sollte es beispielsweise nicht passieren, dass man vor verschlossenem Besprechungsraum steht, weil niemand an den Schlüssel gedacht hat, erst noch fehlende Stühle herbeigeschafft werden müssen oder der Projektor nicht funktioniert, weil die Lampe durchgebrannt ist. Schon diese kleinen Pannen kosten Zeit und schaffen Verärgerungen.

*Vorbereitungs-Checkliste zur Vermeidung organisatorischer Mängel*

Die nachstehende Vorbereitungs-Checkliste kann helfen, derartigen Mängeln vorzubeugen. Insbesondere wenn man einige der Vorbereitungsmaßnahmen delegiert hat, ist eine Gedächtnisstütze wichtig. Sie erleichtert es, sich unmittelbar vor der Besprechung zu vergewissern, ob tatsächlich alles erledigt wurde. Der entschuldigende Hinweis darauf, dass ein Beauftragter versagt habe, hilft später im Ernstfall nicht weiter.

Die in der Checkliste aufgeführten Vorbereitungsmaßnahmen stellen einen Maximalrahmen dar. Nicht alle Punkte sind für jede Besprechung relevant. Daher ist eine besondere Spalte dafür vorgesehen, als Erstes abzuchecken, welche Maßnahmen im aktuellen Fall erforderlich sind.

**Vorbereitungs-Checkliste für Besprechungen**

Veranstaltungsart/-thema: Veranstalter: Termin: Ort, Raum:

| lfd. Nr. | Art der Maßnahme (Stellt keine zeitliche Reihenfolge dar!) | erforderl. (X) | Termin frühest spätest | Erledigung durch | erledigt am | Bemerkungen |
|---|---|---|---|---|---|---|
| **1** | **Themen, Inhalte** | | | | | |
| 1.1 | Themenvorschläge/ Fragen sammeln | | | | | |
| 1.2 | Besprechungsziele/ -fragen formulieren | | | | | |

| lfd. Nr. | Art der Maßnahme (Stellt keine zeitliche Reihenfolge dar!) | erforderl. (X) | Termin frühest spätest | Erledigung durch | erledigt am | Bemerkungen |
|---|---|---|---|---|---|---|
| 1.3 | Tagesordnung aufstellen | | | | | |
| 1.4 | Ggf. Vorinformationen für die Teilnehmer zusammenstellen/ausarbeiten und zusenden | | | | | |
| 1.5 | Vorgespräche vereinbaren | | | | | |
| 1.6 | Vorgespräche führen | | | | | |
| 1.7 | ... | | | | | |
| **2** | **Personen** | | | | | |
| 2.1 | Teilnehmerkreis festlegen | | | | | |
| 2.2 | Gesprächsleiter/Moderator und Protokollführer benennen sowie verständigen | | | | | |
| 2.3 | Teilnehmer einladen (ggf. mit Vorinformationen) | | | | | |
| 2.4 | Protokollart und -methode vereinbaren | | | | | |
| 2.5 | ... | | | | | |
| **3** | **Termin, Ort** | | | | | |
| 3.1 | Terminvorschläge entwickeln bzw. Terminwünsche erfragen | | | | | |
| 3.2 | Voraussichtliche Dauer abschätzen | | | | | |
| 3.3 | Besprechungstermin mit den Beteiligten abstimmen und festlegen | | | | | |
| 3.4 | Pausenzeiten und ggf. Pausengestaltung planen | | | | | |
| 3.5 | Geeigneten Besprechungsort und -raum auswählen (Erreichbarkeit, Größe, Ausstattung) | | | | | |
| 3.6 | Besprechungsraum reservieren lassen | | | | | |
| 3.7 | ... | | | | | |

| lfd. Nr. | Art der Maßnahme (Stellt keine zeitliche Reihenfolge dar!) | erforderl. (X) | Termin frühest spätest | Erledigung durch | erledigt am | Bemerkungen |
|---|---|---|---|---|---|---|
| **4** | **Logistik** | | | | | |
| 4.1 | Besprechungsraum überprüfen (Heizung, Lüftung, Ausstattung, Sauberkeit) | | | | | |
| 4.2 | Schließ- und Schlüsselfragen klären | | | | | |
| 4.3 | Sitzordnung festlegen | | | | | |
| 4.4 | Möblierung entsprechend der Sitzordnung veranlassen | | | | | |
| 4.5 | Moderationsmittel bereitstellen (Flipchart, Moderationswände, Whiteboard usw.) | | | | | |
| 4.6 | Moderationszubehör vorsehen (Wand-/Flipchartpapier, Filzschreiber, Stichwortkarten, Klebestifte) | | | | | |
| 4.7 | Projektionsgeräte und Bildwand bereitstellen (OH-Projektor, Beamer m. Laptop, Videorecorder) | | | | | |
| 4.8 | Tontechnik bereitstellen (Konferenzanlage, Aufzeichnungsgerät) | | | | | |
| 4.9 | Technisches Zubehör und Ersatzteile vorhalten | | | | | |
| 4.10 | Kopiermöglichkeit organisieren, Kopierpapier bereitlegen | | | | | |
| 4.11 | Telefonier-/Faxmöglichkeit regeln, Fernsprechverzeichnisse bereitlegen | | | | | |
| 4.12 | Internetanschluss vorsehen | | | | | |
| 4.13 | Funktionskontrolle aller technischen Geräte vornehmen | | | | | |
| 4.14 | Teilnehmer-/Anwesenheitsliste anfertigen | | | | | |

| lfd. Nr. | Art der Maßnahme (Stellt keine zeitliche Reihenfolge dar!) | erforderl. (X) | Termin frühest spätest | Erledigung durch | erledigt am | Bemerkungen |
|---|---|---|---|---|---|---|
| 4.15 | Namensschilder zum Aufstellen oder Anstecken vorbereiten und bereithalten | | | | | |
| 4.16 | Teilnehmerunterlagen zusammenstellen, kopieren und auslegen | | | | | |
| 4.17 | Büromaterial vorhalten (Schreibpapier, Kugelschreiber, Locher, Heftgerät, Klebemittel usw.) | | | | | |
| 4.18 | Raum-/Tischdekoration vorbereiten | | | | | |
| 4.19 | Kurzpausenbeköstigung organisieren (Heiß-/Kaltgetränke, Gebäck, Obst, Süßigkeiten) | | | | | |
| 4.20 | Garderobenunterbringung regeln | | | | | |
| 4.21 | Rauchmöglichkeiten regeln | | | | | |
| 4.22 | Abfallbehälter und Aschenbecher aufstellen | | | | | |
| 4.23 | Wegweiser/Hinweisschilder aufstellen bzw. anbringen | | | | | |
| 4.24 | Pförtner verständigen | | | | | |
| 4.25 | ... | | | | | |

## Tipp 97 Ordnen und steuern Sie als Gesprächsleiter

*Sich weitgehend neutral verhalten*

Die vorrangigen Aufgaben eines Leiters bzw. Moderators einer Besprechung sind das Ordnen und Steuern des Besprechungsablaufs. Um diese Aufgaben bestmöglich wahrnehmen zu können, sollte er sich weitgehend neutral verhalten. Er macht sich das Leben selbst schwer, wenn er durch eigene Meinungsäußerungen zur Sache seine neutrale Stellung aufgibt.

Ist man gleichzeitig der Vorgesetzte der Teilnehmerrunde, ist es manchmal schwierig oder verbietet es sich sogar, diese Neutralität zu wahren. Schließlich trägt man nicht nur für den

Besprechungsprozess sondern auch für die Sachergebnisse die Hauptverantwortung und hat normalerweise eine eigene Meinung dazu. Je mehr einem jedoch bei einer Besprechung an freimütigen Meinungsäußerungen und verantwortungsbewusstem Mitwirken der Mitarbeiter gelegen ist, desto stärker sollte man zunächst eigene Meinungen, soweit vertretbar, zurückhalten.

*Auch als Verantwortlicher die eigene Meinung zunächst zurückhalten*

**Die Ordnungsaufgaben des Gesprächsleiters sind:**

- Eröffnung der Besprechung (Begrüßung, Zielvorstellung)
- Vereinbaren allgemeiner Verfahrensregelungen (z. B. Besprechungsstruktur, Protokoll, Entscheidungsverfahren)
- Unterbinden von Verstößen gegen die allgemeinen Diskussionsregeln (z. B. Redeunterbrechungen, überlange Monologe, Führen von Nebengesprächen, herabsetzende oder beleidigende Äußerungen)
- Worterteilung (sofern vereinbart nach Wortmeldungen)
- Zeitüberwachung (Besprechungsdauer, Dauer der einzelnen Beiträge)
- Für ausgewogene Beteiligung sorgen (Vielredner bremsen, Zurückhaltende ermutigen)
- Leiten von Abstimmungen
- Formulieren der Ergebnisse bzw. Beschlüsse
- Protokollierung wichtiger Ergebnisse sicherstellen
- Abschluss der Besprechung (Zusammenfassung, Verabschiedung)

**Die Steuerungsaufgaben sind:**

- Vor- bzw. Hintergrundinformationen geben
- Positive Gesprächsatmosphäre herstellen
- Zielorientierung schaffen
- Teilnehmer motivieren und aktivieren
- Teilnehmerbedürfnisse beachten
- Missverständnisse und Unklarheiten aufklären
- Standpunkte verdeutlichen
- Klare Stellungnahmen und Beschlüsse sicherstellen
- Harmonischen Ausklang herstellen

Wie stark man als Führungskraft eine Mitarbeiterbesprechung steuern sollte, hängt vom jeweiligen Besprechungsziel ab. Je nach Intensität der Steuerung lassen sich drei Modelle unterscheiden.

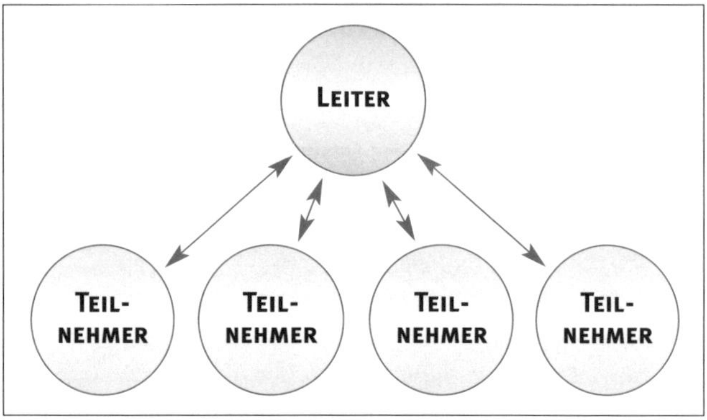


*Abb. XI/2:* **MODELL A – STARKE STEUERUNG**

*Kein zwangloser Meinungsaustausch, starke Sachorientierung*

*Hier sind wenig zwangloser Meinungsaustausch und starke Sachorientierung gewünscht. Beispielsweise bei Besprechungen unter Zeitdruck oder bei gezieltem, personenbezogenem Informationsaustausch sinnvoll.*

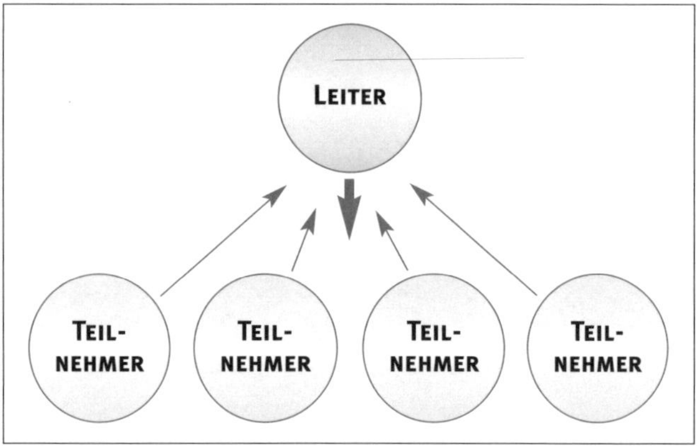


*Abb. XI/3:* **MODELL B – MITTELSTARKE STEUERUNG**

*Erfragen von Meinungen oder Vorschlägen zu konkreten Problemen*

*Geeignet beispielsweise zum Erfragen von Meinungen oder Vorschlägen zu konkreten Problemen.*

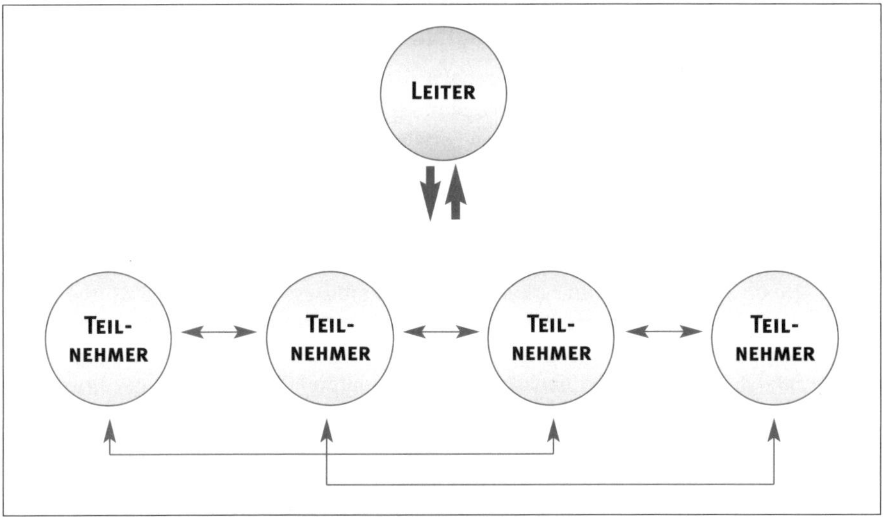


*Abb. XI/4:* **Modell C – Schwache Steuerung**

*Bietet beste Voraussetzungen für einen zwanglosen, freimütigen Meinungsaustausch. Ist vor allem bei kreativen Prozessen oder zum Besprechen von Zusammenarbeitsproblemen der Gruppe anzuraten.*

*Zwangloser, freimütiger Meinungsaustausch*

In den meisten Fällen ist es zweckmäßig, die Steuerungsart je nach Besprechungsphase zu wechseln. So kann es bei einer Problemlösungsbesprechung sinnvoll sein, zunächst nach dem Modell A die Ideen der einzelnen Teilnehmer abzufragen. Sollten sich dabei stark von einander abweichende Meinungen herausstellen, könnte der Leiter entsprechend dem Modell B um Vorschläge zur weiteren Vorgehensweise bitten und anschließend die Teilnehmer gemäß Modell C in freier Diskussion ihre Argumente austauschen lassen. Erbrachte die Diskussion keinen Konsens, könnte er schließlich um Abstimmung bitten und zuvor wieder gemäß Modell A jeden Teilnehmer sein wichtigstes Argument noch einmal wiederholen lassen.

*Die Steuerungsart je nach Besprechungsphase wechseln*

*Auf keinen Fall sollte man aus purer Gewohnheit jede Besprechung nach ein und demselben Schema steuern, sondern sinnvoll variieren.*

## Tipp 98 Strukturieren Sie den Ablauf zielorientiert und folgerichtig

*Die Effizienz der Besprechung gewährleisten*

Es hat sich gezeigt, dass die Effizienz einer Besprechung in hohem Maß davon abhängt, inwieweit sie in logischen und zielgerichteten Schritten abläuft. Fehlt einer Besprechung eine klare und sinnvolle Struktur, besteht die Gefahr, dass

- unnötige Umwege gemacht werden,
- es zu Wiederholungen kommt,
- wertvolle Beiträge unberücksichtigt bleiben,
- es zu vermeidbaren Konfliktsituationen kommt und
- die Beschlüsse hinterher nicht nachvollziehbar sind.

*Phasenmodell als Leitfaden*

Das nachstehende Phasenmodell hat sich in der Praxis bewährt und kann einem Gesprächsleiter als hilfreicher Leitfaden dienen. Allerdings sind nicht bei jeder Besprechungsart alle Schritte dieses Modells erforderlich: Sollen in einer Besprechung keine Entscheidungen gefällt oder vorbereitet werden (da die Mitarbeiter beispielsweise nur über einen Sachverhalt zu informieren sind), entfallen die Phasen „Entscheidungsvorbereitung" und „Entscheidung".

*WICHTIG IST, DASS DER GESPRÄCHSLEITER IN DER VORGESEHENEN REIHENFOLGE DER PHASEN VORGEHT.*

Als Gesprächsleiter kann man sich das Einhalten des Phasenschemas dadurch erleichtern, indem man den Leitfaden während der Besprechung ständig vorliegen hat. Man kann sich dann jederzeit vergewissern, ob die Besprechung noch in den geplanten Bahnen verläuft. Außerdem bietet einem der Leitfaden Hinweise auf die wesentlichen Phaseninhalte sowie Empfehlungen für das eigene Gesprächsleiterverhalten.

*Zu Beginn auch den Teilnehmern die geplante Vorgehensweise vorstellen*

Einem zielbewussten Besprechungsverlauf kann es dienlich sein, am Beginn auch den Teilnehmern die geplante Vorgehensweise vorzustellen, damit sie sich darauf einstellen können. Auch ist es für den Gesprächsleiter später günstig, sich bei Themenabweichungen, vorschnellen Äußerungen oder Wiederholungen auf getroffene Vereinbarungen berufen zu können. Seine Interventionen wirken dann weniger disziplinierend.

## Leitfaden für Mitarbeiterbesprechungen

Wichtiger Hinweis: Vor Abschluss der Phase „Informationsaustausch“ noch keine Bewertungen zulassen, da sonst unnötig früh belastende Emotionen geweckt werden können.

| Phase | Inhalte | Gesprächsführung |
|---|---|---|
| **Vorbereitung** | Thema<br>Teilnehmer<br>Termin<br>Logistik | • Themenwünsche sammeln, Tagesordnung aufstellen<br>• Teilnehmer, Moderator, Protokollführer benennen<br>• Termin und Ort festlegen, mit Teilnehmern abstimmen<br>• Raum reservieren, Schlüsselfrage klären, Klima prüfen<br>• Für Möblierung, Geräteausstattung, Verbrauchsmaterialien sorgen |
| **Eröffnung** | Eingangskontakt<br>Anlass<br>Besprechungsziele<br>Arbeitsverfahren | • Begrüßung, positives Gesprächsklima schaffen<br>• Gegebenenfalls sich und die Teilnehmer einander vorstellen<br>• Besprechungsanlass und -ziele nennen<br>• Ablauf beschreiben, Verfahrensfragen regeln<br>• Entscheidungskompetenz und -verfahren klarstellen |
| **Stellungnahmen** | Informationen<br>Meinungen<br>Ideen<br>Fragen | • Notwendige Informationen einholen bzw. geben<br>• Standpunkte, Meinungen, Wünsche äußern lassen<br>• Bei Problemlösungen Ideen und Vorschläge erbitten<br>• Fragen oder Missverständnisse klären lassen<br>• In dieser Phase noch keine Bewertungen zulassen! |

| | | |
|---|---|---|
| **Diskussion** | Struktu-rierung<br>Ergänzungen<br>Bewertungen<br>Alternativen | • Informationen ordnen, strukturieren und ggf. ergänzen<br>• Beiträge hinsichtlich Verwertbarkeit beurteilen lassen<br>• Bedenken diskutieren, Kompromiss-Spielräume ausloten<br>• Gemeinsamkeiten und Übereinstimmungen herausstellen<br>• Lösungsalternativen beschreiben und festhalten |
| **Ent-scheidungs-vorberei-tung** | Kriterienwahl<br>Gewichtungen<br>Bewertungen<br>Rangfolge | • Entscheidungskriterien vereinbaren u. festhalten<br>• Eventuell unverzichtbare Bedingungen formulieren<br>• Kriterien u. U. gemäß Bedeutung gewichten lassen<br>• Alle Alternativen an den Entscheidungskriterien messen<br>• Nutzwertgemäße Alternativenrangfolge aufstellen |
| **Entschei-dung** | Beschlüsse<br>Arbeitsauf-träge<br>Kontroll-verfahren<br>Protokol-lierung | • Zu realisierende Alternative auswählen<br>• Abweichungen von erarbeiteter Rangfolge begründen<br>• Maßnahmenkatalog aufstellen, Aufträge formulieren<br>• Kontrollverfahren und -termine vereinbaren<br>• Protokollinhalte mit den Teilnehmern abstimmen |
| **Abschluss** | Resumee<br>Schwer-punkte<br>Ausblick<br>Schluss-kontakt | • Besonders wichtige Ergebnisse herausstellen<br>• Schlussfolgerungen, optimistischen Ausblick geben<br>• Gegebenenfalls nächsten Besprechungstermin und -ort vereinbaren<br>• Konstruktive Mitwirkung anerkennen<br>• Positiven Ausklang herstellen, freundlich verabschieden |

## Tipp 99 Schaffen Sie einen positiven Einstieg und Ausklang

Besprechungen sind oft Konfliktsituationen: Die Teilnehmer haben zu einem bestimmten Sachverhalt unterschiedliche Ansichten oder Wünsche und wollen oder müssen im gemeinsamen Gespräch zu einem Konsens finden.

*Vielfach herrscht Konsensdruck*

Als Leiter der Besprechung kann man meist schon im Vorfeld erahnen, inwieweit dabei aggressive Auseinandersetzungen zu befürchten sind, die den Besprechungsverlauf belasten und die Zielerreichung gefährden können. Entweder weil das Besprechungsthema besonders konfliktträchtig ist oder man aus Erfahrung weiß, dass die Beziehungen einzelner Teilnehmer angespannt sind, sie möglicherweise noch „alte Rechnungen" zu begleichen haben.

Insbesondere bei derartigen kontroversen Besprechungen sollte sich der Gesprächsleiter schon bei der Eröffnung um eine spannungsfreie, positive Gesprächsatmosphäre bemühen. Dazu sollte er

*Schon bei der Eröffnung um eine spannungsfreie, positive Gesprächsatmosphäre bemühen*

- sich nicht auf eine abgegriffene Begrüßungsfloskel beschränken, sondern die Teilnehmer mit überzeugender Freundlichkeit willkommen heißen,
- den Besprechungsanlass und das Besprechungsziel positiv formulieren und
- optimistische Erwartungen hinsichtlich des Ablaufs und der Ergebnisse der Besprechung äußern.

*POSITIVE ÄUSSERUNGEN BEI DER ERÖFFNUNG HABEN POSITIVE AUSWIRKUNGEN AUF DEN VERLAUF.*

Hingegen wirkt sich jede negative Formulierung des Gesprächsleiters am Beginn der Besprechung auf das Gesprächsklima negativ aus.

Ebenso sollte er für einen harmonischen Ausklang sorgen. Das gilt insbesondere dann, wenn es in der Besprechung trotz aller Bemühungen um einen konstruktiven Verlauf zu heftigen Auseinandersetzungen gekommen ist. Für Entspannung des Klimas können sorgen

*Besonders, wenn es zu Konflikten gekommen ist, für einen harmonischen Ausklang sorgen*

- ein humorvolles Schlusswort,
- der Hinweis auf die gemeinsamen Interessen und Verantwortlichkeiten,
- ein Appell an die Kooperationsbereitschaft der Teilnehmer,

- das Äußern positiver Erwartungen hinsichtlich des Umsetzens der Besprechungsergebnisse sowie
- eine freundliche Verabschiedung.

*Keine verbrannte Erde hinterlassen*

Es ist wichtig, dass die Teilnehmer nicht verfeindet aus der Besprechung hinausgehen. Schließlich müssen sie auch nach der Besprechung reibungslos miteinander arbeiten können und sich für die gefassten Beschlüsse einsetzen. Kein noch so gutes Sachergebnis kann erzeugte Enttäuschungen oder Verärgerungen aufwiegen. Auch für eine Besprechung gilt:

*DER ERSTE EINDRUCK PRÄGT, DER LETZTE BLEIBT!*

# LITERATURHINWEISE


- Albs, Norbert: Wie man Mitarbeiter motiviert. Berlin 2005
- Affemann, Rudolf: Führen durch Persönlichkeit. Leonberg 1997
- Bay, Rolf H.: Zielorientiert Führen. Würzburg 1999
- Brenner, Doris u. Frank: Beurteilungsgespräche souverän führen. Köln 2002
- Bruce, Anne / Pepitone, James S.: Mitarbeiter motivieren. Frankfurt/Main 2001
- Busch, Burkhard G.: Erfolg mit Mitarbeitern in kleineren Unternehmen. Berlin 2000
- Correll, Werner: Motivation und Überzeugung in Führung und Verkauf. Landsberg/Lech 2000
- Crisand, Ekkehard / Stephan, Pamela: Personalbeurteilungssysteme. Heidelberg 2002
- Drzyzga, Uwe: Personalgespräche richtig führen. München 2000
- Fröhlich, Peter: Kritisieren – aber richtig. München 2000
- Goldfuß, Jürgen W.: Endlich Chef – was nun? Frankfurt/Main 2000
- Herzlieb, H. J. / Ulrich, Friedrich: Cheffing – Führen von unten. Berlin 2005
- Kellner, Hedwig: Kritikgespräche führen. München 2002
- Kiefer, Bernd-Uwe / Knebel, Heinz: Taschenbuch Personalbeurteilung. Heidelberg 1999
- Kießling-Sonntag, Jochem: Handbuch Mitarbeitergespräche. Berlin 2000
- Kratz, Hans-Jürgen: Chef-Checkliste Mitarbeiterführung. Düsseldorf 2003
- Kratz, Hans-Jürgen: Kontrollieren, aber wie? Offenbach 2000
- Kratz, Hans-Jürgen: Motivieren, aber wie? Offenbach 2002
- Kratz, Hans-Jürgen: 30 Minuten für zielorientierte Mitarbeitergespräche. Offenbach 2001
- Kreyenberg, Jutta: Handbuch Konfliktmanagement. Berlin 2005
- Laufer, Hartmut: Grundlagen erfolgreicher Mitarbeiterführung. Offenbach 2005
- Lehky, Maren: Mitarbeitergespräche sicher und kompetent führen. Frankfurt/M. 2003
- Mahlmann, Regina: Führungsstile flexibel anwenden. Weinheim 2002
- Maslow, Abraham H.: Motivation und Persönlichkeit. Reinbek bei Hamburg 2002
- Motamedi, Susanne: Konfliktmanagement. Offenbach 1999
- Nagel, Reinhart / Oswald, Margit / Wimmer, Rudolf: Das Mitarbeitergespräch als Führungsinstrument. Stuttgart 2000
- Nerdinger, Friedemann W.: Erfolgreich führen. Weinheim 2000
- Neuberger, Oswald: Das Mitarbeitergespräch. Leonberg 2004
- Oppermann-Weber, Ursula: Handbuch Führungspraxis. Berlin 2001
- Rosenstiel, Lutz von: Motivation im Betrieb. Leonberg 2001
- Saul, Siegmar: Führen durch Kommunikation. Weinheim 1999
- Schmitz, Lilo / Billen, Birgit: Mitarbeitergespräche. München 2003
- Sprenger, Reinhard K.: Das Prinzip Selbstverantwortung. Frankfurt/Main 2004
- Sprenger, Reinhard K.: Mythos Motivation. Frankfurt/Main 2004
- Sprenger, Reinhard K.: Vertrauen führt. Frankfurt/Main 2004
- Sprenger, Reinhard K.: 30 Minuten für mehr Motivation. Offenbach 1999
- Stroebe, Rainer W.: Motivation. Heidelberg 2004
- von der Linde, B. / von der Heyde, A.: Psychologie für Führungskräfte. München 2002

# STICHWORTVERZEICHNIS